재미있는
서울 600년
이야기 2

사진제공 김종기 / 마포구청 / 문화재청 / 청계천 / 현대백화점

재미있는
서울 600년 이야기 2

초판 1쇄 발행 | 2008년 4월 1일
초판 5쇄 발행 | 2012년 5월 10일

글 | 김재덕
펴낸이 | 조병서
펴낸곳 | 도서출판 글사랑
기획・편집 | 백수사 (예종화)
등록 | 1987년 12월 1일 (제8-34호)
주소 | 서울시 마포구 구수동 68-8 진영빌딩 4층
TEL | 02-3274-0187

◆ 잘못된 책은 바꿔 드립니다.
ⓒ 2008 글사랑
 ISBN 978-89-7028-267-1
 ISBN 978-89-7028-266-4(세트)

재미있는
서울 600년 이야기 2

글 김재덕

글사랑

머리말

타임머신을 타고 떠나는 서울 600년 여행

만약 타임머신을 탄 조선 시대의 어린이가 오늘날의 서울을 둘러본다면 그 기분이 어떨까요?
또 지금의 서울 어린이가 타임머신을 타고 수백 년 전의 조선 시대로 돌아가서 생활한다면 어떤 기분일까요?
나는 『재미있는 서울 600년 이야기』(역사기행동화)를 쓰면서 이런 생각을 해 보았습니다.
조선 시대의 어린이가, 컴퓨터 앞에서 오락을 하고 있는 지금의 어린이를 본다면 어떤 반응을 보일까? 귀신이 나왔다며 놀라 달아날까? 아니면 호기심 많은 어린이답게 자신도 컴퓨터 앞에 앉아서 오락을 하고 싶다고 졸라댈까? 이런 생각만으로도 신이 났습니다.

사람들은 어른 아이 할 것 없이 새로운 것을 보면 반드시 호기심을 가지게 마련입니다. 그렇기 때문에 인류의 문화와 문명이 발전해 온 것입니다.
이 책은 바로 오늘을 사는 어린이들이 가질 수 있는 호기심을 바탕으로 서울 600년의 문화적인 기행을 다루었습니다.
그래서 이 책 속에는 선조들의 슬기와 해학, 그리고 땀방울이 곳곳에 배어 있습니다. 이제 대한민국의 서울은 우리 조상들이 물려준 여러분의 서울입니다.
어린이 여러분, 이 책을 통하여 우리의 문화가 발달해 온 모습을 살펴보고, 나아가 더 나은 미래의 서울을 우리 어린이들이 만들기를 바랍니다.

글쓴이 김 재 덕

차례

상인들의 거리, 종로 * 12

교통 수단의 발달 * 22

귀신과 도깨비 * 32

명절 풍습의 변화 * 38

청계천 거지와 꼭지딴 * 48

과일 서리 * 56

서양의 신식 물건들 * 62

놀이 문화의 발달 * 74

빈대떡엔 빈대가 없다 * 82

수돗물이 없던 시절 * 88

추운 겨울, 따뜻한 겨울 * 96

임금님은 어떻게 지내셨나 * 104

서당과 학교 * 116

서울의 거리 이름 * 126

서울의 장사꾼 * 134

남녀 칠세 부동석 * 144

가련한 덕혜 옹주 * 150

마지막 황제 * 156

전쟁을 겪은 서울 * 168

미래의 서울 * 180

상인들의 거리, 종로

"아빠, 옛날에 김두한이라는 사람이 실제로 살았었나요?"

정인이가 물었다. 어제 저녁에 〈장군의 아들〉이란 비디오 테이프를 빌려 보더니 생각이 난 모양이다.

"응, 있었지."

나는 정인이와 문희를 차에 태우고 종로 거리를 달리면서 간단히 대꾸했다.

"김두한은 깡패처럼 싸움만 하던데, 그런 사람이 어떻게 장군의 아들이에요?"

"비디오 테이프만 보았으니 그렇게 말할 수밖에……. 김두한은 독립 운동가인 김좌진 장군의 아들이야. 김좌진 장군은 만주에서 일본군을 크게 무찌른 분이지."

"그런데 왜 그분의 아들은 깡패가 되어 일본 형사들에게 쫓겨 다녔나요?"

정인이의 머릿속엔 무엇인가 잘 이해되지 않는 부분이 있는 모양이었다.

"일제 시대 때 조선 사람들에겐 아무런 힘이 없었어. 모든 것이 일본 사람들 위주였기 때문이지. 일본 깡패들이 조선 사람의 돈을 빼앗아 가도 경찰은 조사도 제대로 하지 않는가 하면 또 잘못 신고했다가는 오히려 조선 사람이 치도곤(몹시 혼이 남)을 당하곤 했지. 그 모든 것이 나라를 잃었기 때문에 겪은 설움이었단다."

"오라, 그래서 김두한이 조선의 깡패가 되어 일본 깡패들을 무찔렀다는 얘기군요?"

이번에는 문희가 내용을 정리했다.

▲1900년대의 종로 : 전차와 흰 두루마기에 갓을 쓴 사람들이 거리를 지나고 길 양 편에는 상점들이 있다.

"그렇지. 김두한은 비록 깡패였지만 조선 사람들을 위해 주먹을 휘둘렀다는 이야기야. 그럼 지금부터 그 옛날 김두한이 활약했던 종로 거리가 어떻게 변해 왔는지 살펴보러 갈까?"

나는 자동차를 종묘 공원 주차장에 세워 두고 거리로 나왔다.

"조선 시대만 해도 종로가 가장 크고 넓은 길이었어. 지금은 이보다 더 넓은 길이 많이 있지만 말야. 그리고 지금은 길 양쪽에 높은 빌딩들이 빽빽하게 자리를 차지하고 있지만 옛날에는 한옥 기와집들뿐이었어. 물론 도로도 포장이 되어 있지 않았고……."

"아빠, 옛날에는 이 넓은 길에 사람들만 다녔어요?"

정인이가 물었다. 차도 없던 옛날에 이렇게 넓은 길이 무슨 필요가 있느냐는 뜻이었다.

"옛날에는 우마차라는 게 있었어. 소나 말이 달구지에 짐을 가득 싣고 이 길을 다녔지. 때때로 사람이 달구지를 타고 다니기도 했지만 말야."

"그럼 달구지가 오늘날의 자가용에 해당되겠네요. 사람이 타고 다녔으니까요. 히히히……."

문희가 웃으면서 말했다. 소달구지 자가용을 생각하니 웃음이 절로 나오는 모양이었다.

우리는 극장이 많이 있는 종로 3가로 향했다. 극장 앞에는 많은 사람들이 줄을 서서 들어갈 차례를 기다리고 있었다.

"아빠, 옛날에도 이런 영화관이 있었나요?"
문희가 물었다.
"우리 나라에 영화가 들어온 것은 일제 시대였어. 영화가 발명된 것이 약 100년 전이니까 빠른 속도로 보급된 편이지. 그 당시에는 지금처럼 컬러 화면도 아니었고 말소리도 나오지 않았어. 옛날에는 영화를 '활동 사진'이라고 했지. 사진은 사진인데 움직이는 사진이라고 해서 그런 이름이 붙여진 거야."
"아빠, 그 때는 녹음 기술도 지금처럼 발달하지 않아서 변사가 화면을 보고 마이크 앞에서 직접 대사를 읽었다면서요?"
"누나, 변사가 뭐야?"
듣고 있던 정인이가 문희에게 물었다.
"왜 텔레비전에도 이따금 그런 장면이 나오잖아. 화면 속의 인물은 아니지만 영화 내용을 보고 재미있게 설명해 주는 사람 말야."
초등 학교 4학년인 정인이는 모르는 게 있으면 6학년인 문희에게 곧잘 물었다. 그 때마다 문희는 적절하게 설명을 해 주었다.
"그렇지. 옛날에는 변사가 지금의 탤런트 못지않게 인기가 많았어."
이야기를 주고받는 사이 우리는 단성사 극장 앞에 이르렀다. 나는 두 아이에게 단성사를 가리키며 옛날 이야기를 꺼냈다.

"일제 시대에 유명했던 영화관으로는 이 단성사와 저쪽 종각 부근에 우미관이라고 있었어. 이 단성사는 현재 우리 나라에서 가장 오래된 극장이지. 장군의 아들 김두한이 주로 활약했던 곳이 바로 단성사와 우미관이 있는 근처였단다."

▲단성사 : 1907년 설립되었으며 일제 시대에는 유일한 한국 영화 상영관이었다.

두 아이는 김두한의 흔적이라도 찾으려는 듯 사방을 휘둘러보았다. 그러나 거리에는 젊은 남녀들이 바쁘게 오가고 있을 뿐이었다. 그리고 한쪽에선 군밤 장수와 오징어 장수가 냄새를 풍기며 손님들을 유혹하고 있었다.

"아빠, 오징어 한 마리만……."

정인이가 내 손을 잡아끌며 오징어 장수 앞으로 데려갔다.

나는 천 원짜리 두 장을 꺼내 주고 오징어 한 마리를 샀다. 두 아이는 오징어 몸통을 서로 많이 차지하려고 약간의 실랑이를 벌였다.

"아빠, 옛날에도 오징어 장수가 있었어요?"
문희가 오징어를 질겅질겅 씹으며 물었다.
"글쎄다. 김두한이 활약하던 일제 시대에는 오징어 대신 국화빵이 유행이었지. 붕어빵을 굽는 것처럼, 적당하게 반죽한 밀가루를 국화꽃 모양의 빵틀에다 구워서 팔았단다. 하지만 그 당시 대부분의 어린이들은 돈이 없어서 그 빵을 사 먹을 수가 없었어."
"왜 돈이 없었어요? 어른들에게 용돈을 타면 되잖아요?"
정인이가 이상하다는 듯이 물었다.
"옛날에는 돈이 무척 귀했단다. 어른들이 돈을 벌려고 해도 일자리가 별로 없었거든. 돈벌이가 잘 되는 것은 일본 사람들이 다 차지해 버려서 조선 사람들은 힘들고 돈벌이가 안 되는 험하고 궂은 일만 할 수밖에……. 그래서 어른들은 아이들에게 용돈을 줄 수 없었던 거야. 용돈은커녕 세 끼 밥 먹고 살기도 힘든 시절이었지."
"그럼 옛날 어린이들은 장난감도 없었겠네요?"
"그렇지. 정인이는 밤낮 엄마 아빠를 졸라서 산 로봇 장난감이 온 방을 차지하고 있지만, 옛날에는 그런 장난감은 구경하기도 힘든 물건이었어."
정인이는 고개를 끄덕였다.
이야기를 하는 동안 우리는 어느새 종로 네거리 종각 앞까지 걸어왔다. 네거리 주위에는 높은 빌딩들이 하늘을 향해 우뚝 우뚝 서 있었다. 그 중에 내 눈을 사로잡은 것은 종로 타워였다. 그 옛날에 종로의 명물이던 화신 백화점은 사라지고 대신 33층 높이의 종로타워가 서울의 명물로 그 자리에 있었다.

종로 타워는 1999년에 완공된 건물로 우루과이 출신의 건축가 라파엘 비뇰리가 설계한 것이다. 이 빌딩의 압권은 비행접시 모양으로 134미터 상공에 떠 있는 철골 구조물이다.

나는 화신 백화점이 있던 자리를 가리키며 말했다.

"저기가 옛날 화신 백화점이 있던 자리야. 우리 나라 사람이 세운 최초의 백화점인데, 1931년에 5층짜리 근대식 멋진 건물을 지어서 종로의 명물이 되었단다."

나는 옛 기억들을 더듬어 아이들에게 들려주었다.

옛날 화신 백화점의 구경거리 중 하나가 마네킹이었다. 지금은 어린이조차 마네킹에 관심을 가지지 않지만, 그 당시에는 대단한 구경거리였다.

사모관대를 한 신랑과 족두리를 쓰고 연지곤지 찍은 마네킹 신부의 모습을 보고 진짜 사람으로 착각하던 일도 흔했다.

"아이고, 어쩌면 저렇게 잘 만들었노? 진짜 사람과 똑같데이. 어디 한번 만져 보자."

"하루 종일 저렇게 서 있으면 다리가 아프겠다. 쯧쯧……."

시골에서 처음 서울 구경을 온 사람이나 마네킹을 처음 보는 사람은 누구나 한마디씩 했다고 한다.

종로 타워 맞은편에는 높은 빌딩에 묻혀 자그마하게 보이는

▲ **보신각** : 태조4년에 처음 지어졌으나 불타 없어진 것을 여러번에 걸쳐 다시 지었다. 현재 건물은 1997년 8월에 서울에서 지은 것으로 2층 누각으로 되어있다.

종각이 있다. 바로 보신각이다. 시계가 지금처럼 흔하지 않았던 옛날에는 보신각에서 울리는 종소리를 듣고 시간을 알았다고 한다.

 지금의 보신각은 원래 종로 네거리 한가운데에 세워져 있던 것인데, 고종 32년이던 해 도로를 넓힐 때 지금의 자리에 2층으로 새로 종각을 지어 옮겨 놓은 것이다. 그 때부터 이 거리를 '종로'라고 부르기 시작했다.

 종로는 우리 나라의 상업 발달지로, 돈을 벌기 위하여 많은 사람들이 새로운 물건을 가져와서 사고 파는 장사를 했다. 그러니까 돈 많은 사람들은 한 번씩 종로 땅을 밟게 마련이었다.

▲**일제 시대의 서울 거리** : 도로에 전차가 달리고 짐을 실은 마차와 행인들이 한가하게 걸어가고 있다.

그런 연유로 해서 생긴 재미있는 이야기가 있다.

우리 민족은 정월 대보름날 달을 보고 소원을 비는 풍습이 있었는데, 대보름 전날에 부잣집 마당의 흙을 퍼 담아 와서 자신의 집 마당에다 뿌리면 부자가 된다는 미신이 있었다.

그러나 부잣집 마당의 흙을 퍼 담기가 쉽지 않았다. 하인과 머슴들이 지키고 있었기 때문이다. 그래서 가난한 사람들은 부자들이 수시로 다니던 종로 네거리의 흙을 자루에 퍼 담아다가 자신의 집 마당에다 뿌리며 부자가 되게 해 달라고 소원을 빌었다고 한다. 그만큼 종로 거리에는 부자들이 많이 지나다녔기 때문이다.

그 당시에는 지금처럼 도로가 아스팔트로 포장되어 있지 않았다. 그렇기 때문에 종로의 큰길은 정월 대보름날만 되면 여기저기 패여져서 울퉁불퉁 엉망진창이 되었다.

이에 정부의 관리들은 백성들의 잘못된 풍습을 바로잡기 위해 많은 노력을 기울였다. 하지만 별 효과를 보지 못했다. 나중에는 순경을 동원하여 종로 길을 지키게 했다. 그래도 순경

몰래 흙을 퍼 가는 사람이 있었다고 한다.
  지금은 이런 풍습을 찾아볼 수 없지만 보릿고개에 굶기를 밥 먹듯 하던 옛날 사람들은 부자가 되는 게 소원이었다. 그래서 종로의 흙을 퍼다 자기 집 마당에다 뿌리려 했던 것이다.
  "아빠, 아빠. 돈을 많이 벌 수 있는 좋은 방법이 생각났어요. 수출을 해서 달러를 벌어들일 수도 있어요."
  지금까지 잠자코 내 이야기를 듣고 있던 문희가 호들갑을 떨면서 말했다.
  "뭔데?"
  "종로의 흙을 퍼서 예쁘게 포장해서 못사는 나라에 수출하는 거예요. '부자가 되는 요술 흙! 한강의 기적을 이룬 종각표 흙!'이라는 상표를 붙여서 말예요."
  "과연 그 흙을 살 사람들이 있을까?"
  "없음 말구!"
  문희는 천연덕스럽게 텔레비전에서 나오는 코미디언 흉내를 내면서 말했다.
  "넌 일제 시대에 태어났더라면 아마 여자 봉이 김선달이 되었겠다."
  나의 말에 문희는 하얀 이를 드러내며 웃었다.

21

교통 수단의 발달

 오늘은 문희와 정인이를 데리고 창덕궁을 구경하기로 약속한 날이다. 나는 버스와 지하철을 타고 창덕궁까지 갈 작정이었다.
 마을버스 정류장에서 버스를 기다리고 있으려니까 정인이가 투덜거리며 말했다.
 "아빠, 자동차를 두고 왜 버스를 타고 가요?"
 "아빠 차는 정비소에 맡겼거든."
 "에이, 버스는 불편해요. 택시를 타요. 네, 아빠."
 "아니야, 오늘은 지하철을 이용할 거다. 마을버스를 타고 4호선 상계역까지 간 다음, 거기서 지하철을 타고 가서 충무로역에서 3호선으로 바꾸어 탈 계획이야."
 "차를 갈아타기가 귀찮잖아요. 택시를 타면 한 번에 갈 텐데……."

정인이가 입을 삐죽거렸다.

그 때 마을버스가 도착했다. 우리는 차례로 줄을 서서 버스에 올랐다. 버스는 만원이었지만 상계역까지는 두 정거장이어서 그런 대로 참을 수 있었다.

잠시 후, 우리는 마을버스에서 내려 다시 지하철로 바꿔 타기 위해 계단을 올라갔다.

"아빠, 이것 보세요. 얼마나 번거롭고 힘들어요. 택시를 타면 편안하게 갈 텐데."

정인이는 계속 투덜거렸다.

"그런 소리 하지 마라. 옛날에는 임금님도 이런 차를 타 보지 못했단다. 게다가 서울에서 부산까지 천리길도 걸어서 다녔단다. 그러니까 이깟 계단 몇 개 오르내리는 것을 가지고 귀찮아해서는 안 돼."

그 말에 정인이의 불평 소리가 쏙 들어가 버렸다.

"아빠, 옛날 사람들은 그렇게 먼 길을 진짜 걸어다녔어요?"

이번에는 문희가 물었다.

"아니야, 옛날에도 탈것이 있었지. 소나 말을 타기도 했고 가마를 타고 다니기도 했어. 하지만 요즘처럼 먼 거리를 자주 나들이하지는 않았어. 기껏해야 읍이나 면사무소에 가는 정도가 먼 길이었지."

"옛날 임금님은 무엇을 타고 다녔어요?"

"임금님이 행차하실 때에는 주로 어가(임금님이 타는 가마)를 이용하셨지. 임금님은 사냥을 나가거나 급한 일이 아니면 말을 타지 않았어. 그러다가 고종 임금님 때에 독일에서 만든 벤츠 자동차가 수입되어 처음으로 어가 대신 자동차를 타고 다니게 되었지. 그게 우리 나라 자동차 문화의 시초가 된 거야."

나는 지하철을 타고 창덕궁으로 향하면서 문희와 정인이에게 서울 600년의 변천사 가운데 탈것이 발달해 온 과정을 이야기해 주었다.

옛날에는 교통 수단이 발달하지 않아 대부분의 사람들은 먼 길을 걸어서 다녔다. 양반이나 부녀자들은 가마를 타고 다니기도 했고, 급한 일이 생기면 말을 타고 달려가서 소식을 전하곤 했다.

그러다가 조선 시대 말기에 이르러 대원군의 쇄국 정책이 무너지자 서양의 문물이 물밀듯이 들어왔다. 신기한 물건들이 많이 들어왔지만 그 중 고종 임금님의 관심을 가장 많이 끈 것은 자동차였다.

자동차는 말이나 어가보다 안전하면서도 빨리 달릴 수 있어서 좋았다. 고종은 즉시 임금 전용의 자동차를 들여오게 했다. 지금의 자동차에 비하면 볼품이 없지만, 이것이 우리 나라 최초의 자가용이었다.

또, 고종은 동대문에서 청량리까지 전차를 개통시켰다. 그 때까지 변변한 탈것이 없던 서울에 처음으로 전차가 사람들을 태우고 거리를 달리게 되었다.

　전차는 지금의 전동차처럼 전기의 힘으로 정해진 레일 위를 달렸다. 그러나 지금의 전철처럼 속력을 내어 달리지는 못했다. 또 차량을 연결하여 다니지 않았으므로 요즘의 기차나 지하철처럼 한꺼번에 많은 사람을 실어 나를 수는 없었다.

　하루 일이 끝난 뒤 저녁을 먹고 나면 사람들은 마을(이웃에 놀러 가는 일)을 가곤 했는데, 그 때 서울의 전차는 종종 화젯거리가 되었다.

　"한양에 가면 쇳덩이가 길 한가운데를 마구 달린다고 하던데, 그게 참말일까?"

　"나도 그 얘기 들었어. 사람도 많이 싣고 다닌다더구만."

▲ 어차 : 1903년 고종 황제가 구입해 순종 황제까지 사용했던 영국에서 만든 다임러 리무진이다.

▲ **한국 최초의 탱크 기관차** : 1899년 9월 18일 경인철도 개통으로 우리 나라에 최초로 기차가 달리게 되었다.

"말보다도 빨리 달린댔어. 그러다가 사람이 다치기라도 하면 어쩌지?"

"아무튼 난 이번에 한양 가는 길에 그 전차라는 걸 꼭 한번 타 볼 테야."

이렇듯 전차는 서울의 명물이 되었다. 시골에서 서울로 구경 온 사람들은 누구나 한 번쯤 전차를 타 보며 신기해했다. 그러나 대부분의 사람들은 전차로 한 시간도 더 걸리는 먼 거리를 걸어서 다녔다. 돈이 귀했던 시절이어서 한 푼의 전차 삯이라도 아끼기 위해서였다.

그 시대의 또 다른 교통 수단으로는 인력거가 있었다. 인력거란 사람의 힘으로 움직이는 수레이다.

손님이 수레에 올라타서 목적지를 알려 주면 수레 임자가 수레를 끌고 목적지까지 태워다 주었다. 택시가 없던 그 시절에는 인력거가 오늘날의 택시 역할을 한 셈이다.

1899년 노량진과 제물포를 잇는 경인선이 개통되고, 1905년에는 서울과 부산을 오가는 경부선 철도가 개통되었다. 이를 계기로 서울과 인천, 서울과 부산의 거리는 급속도로 가까워졌다. 예전에 걸어서 한 달씩 걸리던 거리가 철도의 개통으로 하루 만에 오갈 수 있게 된 것이다. 이어서 1906년에는 서울과 신의주를 잇는 경의선이 개통되었다.

그러나 이러한 철도의 개통에는 제국주의 일본의 야욕이 숨겨져 있었다. 1905년 우리 나라의 외교권을 빼앗은 일본은 중국을 침략하기 위한 수단으로 군수 물자를 실어 나르기 위해 철도를 놓았던 것이다.

철도는 사람뿐만 아니라 화물도 대량으로 수송할 수 있었다. 자연히 사람들의 생활 범위가 넓어지고 상거래가 발달하기 시작했다. 그러자 서울은 더욱 바빠졌다.

일본이 제2차 세계 대전에서 패하자 우리 나라는 8·15 광복을 맞았다. 그 무렵 우리 나라는 미군이 버린 자동차의 부속품을 이용하여 우리 기술로 자동차를 만들기 시작했다. 보잘 것없는 출발이었지만 그것은 오늘날 세계 선진국과 어깨를 나란히 하고 있는 우리 한국 자동차 산업의 원동력이 되었다.

그 후 서울은 급속도로 발전하여 초가집과 기와집뿐이었던 사대문 안은 빌딩 숲을 이루게 되었다. 더 이상 인력거나 전차로는 늘어나는 교통 수요를 충족시킬 수 없었다. 따라서 더 많은 사람을 좀더 빠른 시간 안에 실어 나를 수 있는 교통 수단이 필요하게 되었다. 그래서 전차 레일을 거두어 길을 넓히고, 도로 밑을 파서 지하철을 건설하게 된 것이다.

서울의 지하철은 1974년 8월 15일 1호선이 처음 개통되었다. 지하철이 처음 등장하자 어떤 사람은 이렇게 말했다.

"지하철은 튀기야. 전차와 기차의 잡종이야."

"그게 무슨 말이야?"

"잘 생각해 보라구. 전차는 전기로 움직이는 차야. 그리고 기차는 많은 차량을 달고 다니지 않는가. 그런데 지하철은

▲1974년 8월 15일 개통된 지하철 1호선은 지상의 교통 지옥 해소에 큰 도움이 되었다.

▲ 지하철 2호선은 1984년 완전 개통된 이래 강남과 강북을 순환하며 교통 인구 수송에 큰 역할을 하고 있다.

전기로 움직이는 것을 볼 땐 전차 같지만, 많은 차량을 달고 다니는 것을 보면 영락없는 기차라구."

"그러니까 전차와 기차를 섞어서 만든 것이 지하철이라는 말이구만. 허허……. 그리고 보니 지하철은 영락없는 튀기네……."

내가 이쯤에서 이야기를 마치자 문희가 질문을 했다.

"아빠, 그럼 지하철로도 늘어나는 교통 수요를 더 이상 감당하지 못하는 날이 오면 어떻게 하나요?"

"아직까지는 걱정하지 않아도 돼. 지금 준공을 서두르고 있는 8기, 9기 지하철이 완성되면 교통난을 덜어 주는 데 큰 도움이 될 거야. 그리고 앞으로도 계속 지하철이 건설되어

29

늘어나는 교통 수요를 해결할 수 있을 거야."
"그래도 언젠가 지하철을 더 이상 건설할 수 없을 때는 어떻게 하냐 그 말이지요."
"그 때는 하늘을 나는 로켓 자가용이 나오든지 인구가 더 이

▲강변도로를 자동차들이 꼬리에 꼬리를 물고 달리고 있다.

상 서울에 집중되지 않도록 인구 분산 정책을 써야겠지. 또 앞으로는 직장으로 출퇴근을 하지 않아도 되는 사회가 올 거야. 그것도 교통난 해소에 큰 도움이 될 거야."
"아빠, 만약 로켓 자동차가 나와 하늘에서 교통 사고를 내면 어떡해요? 비행기 사고처럼 엄청난 대형 사고가 날 텐데요."

이번에는 정인이가 제법 어른스런 말투로 말했다.

정말 그렇다. 지상과 지하의 교통이 더 이상 발전할 수 없다면 반드시 하늘을 나는 교통 수단이 개발될 것이다. 그러면 정인이의 말처럼 공중에서 일어나는 교통 사고는 엄청난 결과를 가져올 수도 있다.

"그 때는 로켓 자가용에 장치된 컴퓨터가 로켓 자가용끼리 절대로 충돌하지 않도록 기억 장치를 해 놓으면 사고가 일어나지 않을 거야."

나는 그렇게 대답했지만 교통 사고 방지에 대한 확실한 대책 마련이 정말 중요하다고 생각했다.

지금도 서울에서만 하루에 백 명이 넘는 사람들이 교통 사고로 목숨을 잃거나 부상을 당하고 있다. 문명의 이기(편리하게 쓰이는 기구)인 자동차가 흉기로 돌변하는 순간을 보면 자동차가 없던 옛날의 서울로 되돌아갔으면 하는 생각까지 들곤 한다.

귀신과 도깨비

　옛날에는 귀신과 도깨비가 참으로 많았다고 한다. 어째서 오늘날에는 없는데 옛날에는 왜 그렇게 도깨비가 많았을까?
　"정인아! 넌 귀신이 무섭니, 도깨비가 무섭니?"
　나는 정인이의 대답이 듣고 싶었다.
　"귀신요."
　"그 이유는?"
　"귀신은 사람이 죽은 뒤에 남는 거잖아요. 도깨비는 뿔이 달려 있고 짓궂은 장난을 하기도 하지만 도깨비 방망이로 좋은 일도 하잖아요."
　정인이는 텔레비전과 동화책에서 본 귀신과 도깨비를 상상하며 대답했다.
　"옛날에는 서울에 귀신이 참 많았단다."
　나는 정인이를 바라보며 진지하게 말했다.

"아빠, 그건 순 엉터리예요. 귀신과 도깨비가 어디 있어요?"
정인이는 믿으려 하지 않았다.
"너는 믿어지지 않겠지만 지금부터 내 이야기를 들어 보렴. 그러면 믿어질 테니까."
정인이는 귀신 이야기를 무척 좋아했다. 요즈음 서점에서 잘 팔리는 귀신에 관한 이야기책은 모조리 읽었을 정도다.
일제 시대에 미아리 고개에는 귀신이 자주 나타났다고 한다. 하루는 어느 택시 운전수가 부슬부슬 비 오는 밤에 젊은 여자 손님을 태우고 돈암동으로 갔다.
"운전수 아저씨! 잠깐만 기다려 주세요. 우리 집이 여긴데 들어가서 택시비를 가져올게요."
"빨리 갔다 와요."
운전수는 그렇게 말하고 한참 동안 기다렸지만 젊은 여자는 나오지 않았다. 더 이상 기다릴 수 없어 운전수는 그 집으로 들어갔다.
"누구세요?"
집안에서 중년의 여자가 현관문을 열고 들어오는 운전수를 보며 물었다.
"조금 전 스무 살쯤 되는 아가씨가 택시를 타고 왔는데, 차비를 가져올 테니 기다리라고 해 놓고는 소식이 없어서요. 그래서 택시비를 받으려고요."
"그 아가씨가 어떻게 생겼습디까?"

중년의 여자가 놀라는 표정을 지으며 물었다.
"얼굴이 약간 갸름하고 오른쪽 눈 아래에 흉터가 있었어요. 머리는 퍼머를 하고 있었어요."
"어머! 그 애는 분명히 내 딸이에요. 하지만 걘 1년 전에 교통 사고로 죽었어요. 오늘이 그 애의 제삿날이에요. 어쩜, 우리 딸아이의 혼백을 태우고 오셨군요."
중년 여자의 말을 듣고 나자 운전수는 여우에게 홀린 듯이 기분이 묘했다. 그는 택시비고 뭐고 다 팽개치고 그 집을 뛰쳐나왔다.
또 어떤 집에선 밤마다 귀신들이 나타나 돌을 던지고 유리창을 깨는 등 행패를 부렸다. 한밤중에 어린아이의 울음소리가 나는가 하면 부엌 쪽에서 이상한 신음 소리가 들려오곤 했다.
동네 사람들은 그 집에 귀신이 붙었다며 모두들 피해 다녔다. 집 주인도 귀신 소리에 더 이상 견딜 수가 없어서 집을 팔기로 했다. 그러나 귀신이 붙은 집이라고 해서 헐값에 내놓아도 사러 오는 사람이 없었다고 한다.
귀신이나 도깨비의 공통점은 언제나 밤에 나타나는 것이다. 음산하고 비가 부슬부슬 내리는 날에는 더욱 잘 나타났다. 그러나 많은 사람들이 지키고 있으면 나타나지 않았다.
옛날부터 도깨비는 빗자루나 지팡이, 삽, 부지깽이(아궁이 따위에 불을 땔 때 불을 모으거나 끌어낼 때 쓰는 막대기) 등이 변해서 나타났다. 그래서 사람들은 빗자루나 삽 등을 깔고 앉

▲ **부적**: 잡귀를 쫓거나 재앙을 물리치기 위해 붉은색으로 글씨를 쓰거나 그림을 그려서 몸에 지니고 다니거나 집에 붙이기도 한다.

지 못하도록 했다.

도깨비를 만난 사람들의 말을 들으면, 대부분 혼자 길을 갈 때 도깨비가 사람으로 변신하여 접근해 온다는 것이다.

비가 부슬부슬 내리는 밤 한 남자가 집으로 가고 있는데 소복을 입은 여자가 접근해 왔다.

"저……. 비가 오는 밤길이라 혼자 가기가 무서워요. 괜찮으시다면 저기 언덕까지만 좀 바래다주시겠어요?"

도깨비는 아리따운 여자로 변신하여 이런 식으로 남자들을 유혹했다.

남자는 도깨비인 줄도 모르고 기사도 정신을 발휘하여 여자가 사는 집까지 데려다 주었다.

"시간이 있으면 약주나 한잔 대접하고 싶어요. 저를 집까지 무사히 데려다 준 보답을 해야죠."

여자가 그렇게 말하면 대부분의 남자는 따라 들어간다. 여자는 곧 주안상을 차려 남자를 대접한다. 그러면 남자는 술을 마시다 그대로 잠이 들어 버리고 다음날 아침 깨어 보면 다리 밑에서 빗자루를 끌어안고 있더라는 것이다.

"거참, 이상하다. 분명히 어제 저녁에 아리따운 여자한테서 술대접을 받다 잠이 들었는데……."

남자는 고개를 갸웃거리며 집으로 향했다.

"아니, 김 서방. 자네 옷이 왜 그런가? 온통 흙투성이군. 이른 새벽에 어딜 갔다 오다 넘어졌어?"

마을에 접어들자 나이 든 노인이 남자를 보며 의아해했다.

"아, 글쎄 말입니다. 내가 어젯밤에 도깨비한테 홀렸는가 봅니다. 웬 낯선 여자를 집에까지 데려다 주고 술대접을 받다 잠이 들었는데 깨어 보니 다리 밑이잖아요."

"큰일날 뻔했군. 그 다리 밑에는 전번에도 도깨비가 나타난 적이 있어. 앞으로 동네 사람들한테 저 다리를 지날 때 조심하라고 일러야겠어."

노인은 근심어린 표정을 지으며 말했다.

또, 어떤 이는 한밤중에 낯선 사람이 자꾸 시비를 걸기에 그 사람을 때려 주고 나무에다 꽁꽁 동여매어 놓았는데, 다음날 그 자리에 가 보니 우산이 나무에 묶여 있더라는 것이다.

 서울의 귀신과 도깨비 이야기는 이외에도 많이 있다. 도깨비는 일제 시대에 특히 많이 나타나 일본 형사들을 괴롭히기도 했다.

 그러나 언제부터인가 귀신과 도깨비는 우리 곁에서 사라졌다. 그 이유는 일제 시대에는 민심이 흉흉했지만, 지금은 살기 좋은 세상이 되었기 때문이다.

 지금의 어린이들은 도깨비 이야기를 재미있게 듣고 말하지만 귀신이 있다든가 도깨비가 있다고는 아무도 믿지 않는다.

 "아빠, 귀신이나 도깨비는 실제로 존재하지 않는데 어떻게 그런 일이 일어날까요?"

 정인이가 물었다.

 "귀신이나 도깨비가 없다면 당연히 그런 일이 일어나지 않아야겠지. 하지만 옛날 사람들은 자주 도깨비를 만났어. 아마 도깨비 방망이라도 얻고 싶었던 모양이지."

 나는 웃으면서 말했다.

명절 풍습의 변화

　오늘은 설날이다. 설은 지나간 해를 떨쳐 버리고 새로 맞이하는 해의 첫날인 것이다.
　나는 어젯밤 문희와 정인이가 자는 틈을 타서 하얀 밀가루를 눈썹에 발라 놓았다. 두 아이는 그것도 모른 채 깊은 잠에 빠져 버렸다.
　설날 아침, 아이들이 잠에서 깨어났을 때 그 얼굴을 제일 먼저 본 사람은 아이들의 할머니였다. 아이들 할머니는 어젯밤에 내가 아이들의 눈썹에 밀가루를 바르는 것을 웃으며 바라보셨다.
　"큰일났구나. 너희들 섣달 그믐날 밤 실컷 잠을 자더니 눈썹이 허옇게 세었구나. 거울을 한번 봐라."
　할머니는 문희와 정인이에게 은근히 겁을 주었다.
　두 아이는 얼른 거울 앞으로 달려갔다. 이게 웬일인가? 어제

까지만 해도 까맣던 눈썹이 하얗게 변해 있었다.
"어머! 내 눈썹이 왜 이래?"
문희는 깜짝 놀라며 눈썹을 손으로 만져 보았다. 그랬더니 밀가루가 눈썹에 말라붙어 있는 것이 아닌가.
"그것 봐라. 설날 전날 밤에 잠을 자면 눈썹이 하얗게 된다고 하지 않던? 그게 바로 이런 거야."
나는 웃으며 두 아이에게 말했다.
그제야 문희는 자신의 눈썹을 하얗게 만든 장본인이 아빠라는 걸 알아차렸다.
"아이, 아빠두 참. 왜 눈썹에다 밀가루 칠을 했어요? 오늘 밤에는 내가 아빠 눈썹에다 몰래 밀가루 칠을 할 거야."
문희는 눈썹에 묻은 밀가루를 털어 내며 투덜거렸다.
"이것은 옛날부터 내려오는 풍습이야. 섣달 그믐날 밤, 그러니까 설 전날 밤에는 온 식구가 잠을 자지 않고 오순도순 둘러앉아 이야기꽃을 피우며 차례에 쓸 음식을 장만하지. 만약 그 대열에서 빠져 일찍 자는 사람이 있으면 밀가루를 눈썹에 칠해서 다음날 깜짝 놀라게 해 주는 거야. 너희들은 할아버지 차례상에 올릴 음식을 만드는데 전혀 도움을 주지 않았을 뿐만 아니라, 일찍 잠을 잤으니까 눈썹에 밀가루 칠을 당하는 것이 당연하지 않겠니?"
그 말에 문희는 입을 삐죽거렸다.
"문희야, 너희들 오늘 밤에는 특별히 조심해야 한다. 야광 귀신이 나타나서 신발을 훔쳐가니까 말야."
아이들은 할머니의 말을 이해하지 못했다.
"할머니 그게 무슨 말이에요?"
문희보다 정인이가 더 궁금해했다.
"옛날부터 설날 밤에만 찾아오는 귀신이 있단다. 그 귀신 이름이 야광 귀신이야. 야광 귀신은 집집마다 돌아다니며 발에 맞는 신발을 골라 신고 간단다. 그런데 야광 귀신은 발이 작아서 언제나 아이들의 새 신발만 신고 간다는구나."
"할머니, 거짓말이에요. 그런 귀신이 어디 있어요? 강시라면 몰라도……."
이번에는 문희가 당치 않다는 듯 대꾸했다.
"너희들은 영화에 나오는 강시밖에 모르는구나. 하지만 우리 나라에는 옛날부터 내려오는 귀신이 많았어."
"그럼 작년 설에는 일찍 잤는데 왜 야광 귀신이 나타나서 신발을 훔쳐가지 않았어요?"
"그 땐 어른들이 잠을 자지 않고 너희들 신발을 지켜 주었기 때문이지. 그렇지만 오늘 저녁은 조심해야 할걸. 어른들은 어제 밤을 꼬박 샜으니까 오늘은 일찍 잘 거야. 그러니까 신발을 잃어버려도 몰라."
이번에는 할머니 대신 내가 말을 받았다. 그러자 정인이 사촌 중 제일 나이 어린 정호가 그 얘기를 듣더니 얼른 자기의 신발을 집어 방 안 책상 밑에다 숨기는 것이었다. 그 바람에 모두들 깔깔거리며 웃었다.
　옛날에는 고무신이 귀해서 대부분의 일반 서민들은 짚신을 신고 다녔다. 그러다가 명절이 다가오면 어른들은 시장에 가

▲명절 차례상 진열법

서 아이들에게 고무신을 사다 주었다.

명절이 되면 큰집에 일가친척들이 다 모여든다. 아이들도 마찬가지다. 그럴 때 가장 혼란스러운 게 신발이었다. 야광 귀신 이야기는 이렇게 혼란스러울 때 아이들에게 자신의 신발을 잘 간수하라는 뜻으로 누군가가 만들어 낸 것이다.

얼마 후 우리 가족은 단정한 옷으로 갈아입고 차례상을 준비했다.

"차례는 정성으로 지내는 거야. 음식을 많이 차린다고 좋은 것은 아니지. 온 가족이 모여 조상의 덕을 음미하며 가족의 화평을 기리는 것이 더 중요하단다."

나는 정인이에게 차례상에 음식 놓는 것을 돕도록 했다. 정인이는 할머니가 건네주는 음식을 받아 조심스럽게 차례상 위에 올려놓았다.

차례상을 준비한 다음 우리 가족과 형제들은 돌아가신 조상님들께 절을 올렸다.

"옛날에는 부모가 돌아가시면 삼 년 동안 아무 일도 하지 않고 오직 부모님의 무덤만을 돌보며 지내야 했어. 부모를 잘 모시지 않아 돌아가게 만든 죄인이라는 뜻으로 참회를 하는 거야. 또 삼 년 동안 상복을 입고 지내야 했지."

"그럼 회사는 어떻게 다녀요?"

정인이는 내 말이 이해가 되지 않는 모양이었다.

"옛날에는 대부분 농사를 짓고 살았지. 회사 같은 것은 없었어. 상주는 농사도 못 짓는 거야."
"좋겠다."
"상주가 되는 게 뭐가 좋니?"
"만약 내가 상주라면 학교를 가지 않아도 되는 것 아니에요?"
"말세다, 말세! 정말 그랬다간 그 집에 효자났다고 하겠다."
정인이의 말에 할머니가 비꼬아 말을 했다.
차례를 마치고 난 뒤 나는 화제를 바꾸었다.
"자, 이젠 차례가 끝났으니 할머니께 세배를 해야지."
내가 어머니께 세배하는 것을 시작으로, 문희와 정인이도 할머니께 세배를 했다.
"오냐, 오냐. 새해 복 많이 받아라."
어머니는 덕담을 하시며 복주머니를 꺼내 손자 손녀에게 세뱃돈을 나누어 주었다.
"에개! 천 원밖에 안 주세요, 할머니?"
정인이의 사촌인 철이가 불만스러운 듯 천 원짜리 한 장을 들어 보였다.
"이 할미 쌈짓돈이 적어서 그렇단다. 그렇지만 세뱃돈이 적다고 말하는 것은 어른들에게 실례가 되는 말이야. 이 할미가 어렸을 적에는 세뱃돈이라는 게 없었단다. 그 때를 생각해 보려무나."
철이는 그만 머쓱해지고 말았다.

"할머니, 그럼 옛날에는 세배를 하면 뭘 주었나요?"
정인이가 궁금한 모양이었다.
"이 할미가 어렸을 때에는 돈이란 걸 잘 몰랐지. 귀했기 때문이야. 그리고 세배는 가족들에게만 하는 것이 아니라 이웃집 어른들에게도 했단다. 그러면 돈 대신 맛있는 엿이나 과자를 주었단다."
아이들은 신기한 듯이 할머니의 이야기를 듣고 있었다.
"할머니, 설은 언제부터 생겼어요?"
문희가 물었다.
"할머니가 태어나기 훨씬 전에 생겼지. 확실히 알 수는 없지만 먼 옛날 삼국 시대부터 지금까지 내려오고 있다고들 해."
"그럼 설이야말로 우리 나라에서 가장 오래된 명절이네요?"
"그럼, 그렇고말고. 옛날에는 설이라 하면 정월 대보름까지 이어졌어. 그 때는 농한기(농사일이 바쁘지 않아 한가한 시기)여서 가능했지만, 지금은 직장 생활로 모두가 바쁘게 사니까 그럴 수는 없겠지."
"그럼 보름날까지 뭘 하고 놀았나요? 옛날엔 텔레비전도 없고 컴퓨터 오락도 없었을 텐데요."
문희가 물었다. 이번에는 내가 대신 대답해 주었다.
"아까 할머니도 말씀하셨지만 세배란 가족 친지끼리만 하는 것이 아니야. 이웃 어른들에게도 해야 하는 거야. 옛날에는 이웃집은 물론 온 동네를 돌아다니며 어른들께 세배를 했어.

▲ 윷놀이 : 윷을 던져 끗수를 가려서 윷판의 말이 최종점을 먼저 나는 쪽이 이기는 민속 놀이이다.

그리고 동네마다 윷판이 벌어지곤 했단다."

"히히히……. 요즈음도 그랬으면 세뱃돈 많이 생기겠다. 그치?"

정인이가 낄낄거리며 철이에게 말했다.

"아이들은 연을 만들어 연날리기를 하고 팽이를 만들어 얼음 위에서 돌리기도 했어. 또 제기차기, 널뛰기, 굴렁쇠 돌리기 등을 하고 정월 대보름날엔 쥐불놀이를 했지. 논밭에다 짚단을 쌓아올려 놓고 불을 지르는 거야. 그러면서 '달님, 올해 농사가 잘 되도록 도와 주십시오.' 하고 달님께 소원을 비는

▲널뛰기 : 우리 나라 고유의 민속 놀이로 주로 설날, 단오, 추석에 여자들이 한다.

거지."

"아빠, 전에 시골에 갔을 때 아이들이 불씨를 담은 깡통에 철사줄을 길게 늘어뜨려 마구 돌리는 놀이를 했어요. 나도 한번 해 봤어요."

정인이가 문득 생각난 듯 자랑스럽게 말했다.

"옛날에는 넓은 들판에서 많이들 하고 놀았지. 건물들이 빽빽하게 들어선 도시에서는 자칫 불을 낼 위험이 있어서 이젠 그런 놀이는 사라지고 있지."

"아빠, 그건 그렇고 이번에는 아빠 차례예요. 빨리 저희들

▲ 쥐불놀이 : 음력 정월 대보름에 하는 민속 놀이로, 논둑에 불을 놓아 먼저 끄기를 다투는데, 이긴 동네의 쥐가 진 동네로 몰려간다고 한다.

 세배 받으세요. 올해는 세뱃돈을 모아 기타를 살 거예요. 목표를 달성하기 위해 열심히 뛰어야 하거든요."
문희가 재촉했다.
"허허허……. 그런가?"
 아이들은 이야기보다 세뱃돈에 더 관심이 많았다. 전통도 풍습도 시대에 따라 변하는가 보다.

47

청계천 거지와 꼭지딴

　동대문 운동장 앞에서 청계천으로 가는 길은 언제나 장사꾼들이 차지하고 있어서 복잡했다.
　나는 문희와 정인이에게 롤러스케이트를 사 주기 위해 운동 기구 전문점이 많은 청계천으로 나왔다. 롤러스케이트를 사는 것도 사는 것이지만 여러 가지 물건들을 구경하는 재미도 있어서 나는 종종 이 곳을 찾곤 했다. 아이들도 좋아하는 것 같았다.
　"옛날에는 이 청계천에 거지가 많이 살았단다."
　"지금은 거지가 어디서 사는데요?"
　내가 청계천의 거지 이야기를 하려고 하자 호기심 많은 정인이가 물었다.
　"지금은 거지를 찾아볼 수 없지."
　"왜요?"

"옛날보다 살기가 좋아졌거든. 그리고 사회 제도가 많이 바뀐 탓도 있지."

나는 아이들에게 옛날에는 왜 거리에 거지가 많았는지 설명해 주었다.

옛날에는 죄를 지으면 얼굴이나 팔 등에 문신을 새겨 전과자(죄를 지어 형벌을 받은 사람)임을 표시했다. 그러므로 이런 사람들은 친척들도 싫어했고, 머슴 같은 일자리도 구할 수 없었다. 일자리를 구하지 못해 밥벌이를 할 수 없으니 자연히 그들은 거지 생활을 할 수밖에 없었다.

거지들은 청계천 주변에서 땅을 파고 움막집을 짓고 생활했다. 그들은 하루 종일 아무것도 하지 않았다. 하는 일이라고는

▼**일제 시대 청계천 풍경** : 여인네들이 청계천에서 빨래를 하고 어린아이들은 발가벗고 물놀이를 하고 있다.

▲ 청계천변에 닥지닥지 붙어 있는 판잣집들

고작 밥을 얻으러 다니는 동냥질이 전부였다.

어떤 거지는 얼굴에 새겨진 문신을 가리기 위해 고약을 바르거나 수건을 동여매고 다녔다. 그러나 사람들은 그것을 알아차리고 호통을 쳤다.

"네 이놈! 나쁜 짓을 하고 다녔으면 벌을 받는 게 당연하거늘, 어째서 고약과 헝겊으로 문신을 가리려 하느냐!"

그러면 거지는 어쩔 수 없이 고약이나 헝겊을 풀어야 했다.

세월이 흐르자 청계천에 모인 거지들의 숫자가 엄청나게 불어났다. 그러자 거지들의 세계에도 규율과 질서가 필요했다.

"앞으로 내 말을 듣지 않는 사람은 여기서 쫓아내겠다. 앞으로는 나를 부를 때 왕초라고 불러라. 그렇게 하기 싫은 사람은 여기를 떠나거라."

어느 날 힘이 세고 험상궂게 생긴 거지 한 명이 주위에 있는 거지들을 불러모아 자신을 왕초(꼭지)라고 부르도록 했다. 힘 없는 거지들은 '왕초님, 왕초님' 하며 따랐고, 그렇게 하기 싫은 사람은 다른 곳으로 자리를 옮겼다.
 청계천에는 군데군데 거지 왕초들이 많았다. 거지 왕초들은 왕초들끼리 모여 진짜 왕초를 뽑았다.
 "진짜 왕초는 힘이 세야 한다. 힘으로 나를 이길 자가 있으면 나와 봐. 얼마든지 상대해 줄 테니. 없으면 왕초는 나다."
 "천만에. 자고로(예로부터 내려오면서) 왕초는 머리가 뛰어나야 하는 법. 나는 머리를 너무 굴리다 포도청을 내 집 드나들듯이 다녔으니, 왕초는 당연히 나야."
 "아니다. 우리들의 왕초는 우리를 보호하고 다스릴 수 있는 능력이 있어야 해. 또, 포도청과 잘 통하는 사람이라야 진정 우리들의 왕초감이다."
 그렇게 회의를 거듭한 끝에 진짜 왕초가 태어난다. 그럼 그를 '꼭지딴'이라고 부른다.
 세상살이가 점점 더 어려워지자 거지들도 점점 늘어났다. 그러자 밥을 얻는 일도 쉽지 않았다. 그래서 거지들도 나름대로 할 일을 찾게 되었다.
 초상난 집에 거지들이 떼지어 나타나는 것을 막아 주기도 하고 뱀, 두꺼비, 지네 등을 잡아다가 한약재로 팔기도 했다.
 "히히히……. 꼭지. 난 오늘 상가집 문지기 노릇을 했어요. 이 옷과 음식들 다 거기서 얻어온 거예요."
 "왕초, 나는 뱀을 잡아왔어요. 열 마리를 잡았는데 하마터면 독사한테 물려 저승 구경할 뻔했다우."

"왕초, 나는 미꾸라지를 이만큼 잡아왔어요. 추어탕 집에 팔면 제법 돈이 될 거예요. 히히히……."

거지들 중에는 동냥한 돈을 한 푼 두 푼 알뜰하게 모으는 이들도 있었다. 그렇게 해서 장사 밑천이라도 만들어지면 그들은 거지 세계를 벗어나 떳떳한 생활을 했다.

그런데 거지 두목 꼭지는 절대로 자신의 본이름을 대는 일이 없었다. 대신 별명을 사용했다.

"나는 수표교 사는 꼭지 왕파리요."

"나는 6가에 사는 왕초 독수리다."

이런 식이었다.

거지가 없어진 요즈음에는 건달들의 세계에서 이런 식의 별명이 유행하고 있다.

"나는 영등포 쌍칼이다. 너 쌍칼이라고 못 들어 봤어?"

"짜식, 나는 신사동의 물찬제비다. 얘가 세상 물정을 모르는구만. 손을 좀 봐 줘야겠군."

그러고 보면 오늘날의 건달들은 자신들의 인사 방법이 옛날 거지들의 풍습을 이어받았다는 사실을 모르고 있는 모양이다.

일제 시대 일본 경찰들은 청계천의 거지들을 두려워했다. 그들은 거지들이 폭동이라도 일으키는 날에는 감당하기 어려운 사태가 발생할 것을 두려워한 나머지 거지들의 움막을 강제로 철거하곤 했다.

그러나 오갈 데 없는 거지들은 청계천을 떠나지 않았다. 일

▲ 예전의 청계천 고가도로 : 만 4년여의 공사 끝에 시궁창 물이 흐르던 청계천 위로 차들이 달리고 있다.

본 경찰들이 쫓아내면 다음 날 다시 와서 움집을 지으며 눌러 살았다.

　청계천은 8·15 해방이 된 후에도 거지 소굴이란 오명을 벗어나지 못했다. 6·25 한국전쟁 이후에는 오갈 데 없는 피난민들이 한꺼번에 몰려들어 판잣집과 빈민촌의 대명사가 되기도 했다.

　그러다가 1961년 5·16 군사 혁명이 일어났다. 혁명 정부는 조국의 근대화를 위해 청계천의 무질서한 판잣집을 죄다 철거하고, 하천에 시멘트 철근 구조물을 얹어 보이지 않게 덮어 버렸다. 그리고 그 위에다 고가도로를 건설했다.

　청계천을 복개한 길 양 옆으로는 거대한 상권이 형성되었다.

53

하루에만도 수십만의 사람들이 물건을 사고 팔러 모여들었다. 청계천은 바야흐로 수많은 장사꾼들의 생업의 터전이 되었다. 복개된 지 불과 몇 년 사이에 몰라보게 달라진 것이다. 고가도로 위로는 자동차들이 꼬리를 물고 씽씽 달렸다.

그러나 우리가 상인들과 손님들이 왁자지껄 흥정하는 소리와 자동차 소리에 빠져 있을 때 시멘트 구조물로 덮힌 청계천은 병들어 가고 있었다. 각 가정과 사무실에서 버리는 하수와 폐수가 고스란히 흘러들어왔기 때문이다.

▼지금의 청계천 : 2005년 10월 서울시는 시멘트 구조물을 헐어 버리고 청계천을 자연친화적으로 복원시켰다.

청계천은 시멘트와 철골 구조물로 완전히 덮여서 서울의 한복판을 흐르는 하수구 역할을 할 뿐이었다. 겉보기에는 멀쩡했지만 속은 썩어 가고 있었다. 게다가 고가도로 역시 세월이 흐르면서 여기저기 낡아 시민들의 안전을 위협하기 시작했다.
 시민들은 차츰 청계천에 대해 부정적인 태도를 가지기 시작했다. 더불어 도시 환경 문제와 삶의 질에 대해 더 큰 관심을 가지게 되었다.
 그리하여 서울시는 2003년 7월 1일, 청계고가도로를 철거하고 청계천 복원 사업을 실시하였다. 물고기가 헤엄치고 물풀이 자라는 자연 그대로의 청계천을 만드는 사업이었다.
 2005년 10월 1일, 서울시는 청계천 복구 공사를 완전히 끝내고 시민들에게 새로운 청계천의 모습을 선뵈었다. 청계천을 본 시민들은 한결같이 기뻐했다. 이제 청계천은 서울 시민이 즐겨 찾는 명소가 되었다.
 서울시에 따르면 개장 후 한 달간 무려 627만 명, 하루 평균 21만 명이 청계천을 찾았다고 한다. 그야말로 어마어마한 사람들이 청계천을 방문했다. 서울 인구가 1천 만 명인 것을 감안하면 한 집 건너 한 집 이상이 청계천에 발을 들였다는 얘기다. 청계천은 이제 도심 속의 자연 생태 공원으로서 서울 시민이 즐기고 가까이 다가설 수 있는 곳이 되었다.
 이제 청계천에서 꼭지딴은 찾을 수 없다. 서울의 600년 역사는 이렇듯 놀랍고도 빠른 속도로 변화해 갔다.

과일 서리

"정인아, 할머니가 바나나 사 왔다. 먹을래?"
어머니가 시장을 다녀오시면서 말했다.
"싫어요. 안 먹을래요."
"왜 그러니? 바나나가 얼마나 맛있는데."
"맛 없어요."
"원, 세상에. 바나나가 맛이 없다니……. 옛날에는 이런 것은 약에 쓰려고 해도 구하지 못할 정도로 귀하고 비쌌단다. 요즘 와서 바나나가 흔해졌지만 말야."
어머니는 당신 손자에게 먹이려고 기껏 생각해서 사 왔는데 별 반응이 없자 몹시 서운해했다.
"그럼 사과를 깎아 주랴?"
"네."
어머니는 냉장고에서 사과를 꺼내 오셨다.

나는 정인이와 나란히 앉아 사과를 먹으면서 과일에 관한 이야기를 시작했다.

"정인이는 봄에 많이 나는 과일이 뭔지 아니?"

내가 물었다.

"딸기요."

"그럼 여름에 많이 나는 과일은?"

"수박, 참외, 포도……."

"가을에는……?"

"밤, 대추, 감……."

"음, 과일에 대해서 잘 아는구나. 그럼 태릉에서 많이 나는 과일 이름은 뭐지?"

"그건 잘 모르겠어요."

"태릉에는 옛날부터 배가 유명하지. 달고 맛있기로 소문이 난 먹골배가 나오는 곳이지."

정인이와 나는 사과를 먹으면서 과일에 얽힌 이야기를 계속했다.

"옛날에는 과일 서리라는 것이 있었어. 정인이는 서리가 무슨 말인지 모르지?"

서리란 과일이나 곡식 따위를 주인 몰래 훔쳐 먹는 짓을 말한다. 지금의 상식으로는 도둑질과 같은 것이지만 옛날에는 주인이나 훔치는 사람이나 모두 대수롭지 않게 생각했다.

옛날 사람들은 농사를 짓는 일 외에는 별로 할 일이 없었다.

라디오나 텔레비전 같은 것이 없던 시대여서 가족끼리 오순도순 모여 이야기를 나누는 정담도 없었다. 저녁을 먹고 나면 같은 또래끼리 몰려 다니며 놀이를 하고 노는 것이 가장 재미있는 일이었다.

아이들은 방에서 호롱불을 밝혀 놓고 술래잡기를 하기도 하고 포수놀이를 하기도 했다. 포수놀이란 여러 장의 종이 조각에 임금, 포수, 꿩, 토끼, 돼지, 호랑이 등을 적어 보이지 않게 몇 겹으로 접어 잘 섞은 다음 한 장씩 뽑아 가지는 것이다.

만약 자신이 뽑은 종이에 '임금'이라고 적혀 있으면 그는 다음과 같은 명령을 내린다.

"여봐라, 포수!"

그러면 '포수'라고 적힌 종이를 뽑은 사람은 다소곳이 대답을 한다.

"예이, 포수 여기 대령했나이다."

"너 지금 당장 산에 가서 꿩을 한 마리 잡아오너라."

임금이 명령을 내리면 포수는 나머지 아이들 중에서 '꿩'을 찾아내야 하는 것이다. 이 때 잘못하여 꿩을 맞추지 못하면 그에 알맞은 벌을 받는 게임이었다. 그러므로 포수는 상대편의 눈치를 보아 가며 잘 찍어야 한다.

"너!"

포수가 '너!' 하고 지적한 사람이 꿩이 아니면 임금은 포수에게 벌을 내린다.

"네 이놈! 너는 꿩을 못 잡아왔으니 지금부터 내가 내리는 벌을 받아라! 앞으로 10분 이내에 김 영감네 과수원에 가서 수박을 한 통 따오너라."

임금은 마음대로 명령을 내린다. 물론 실행할 수 없는 명령을 내리기도 한다. 놀이를 하다가 수박을 따오라는 것은 실행하기 힘든 일에 속한다.

그 때 누군가가 나서서 색다른 제의를 한다.

"우리 방 안에서 이런 놀이만 할 게 아니라 김 영감네 수박밭에 서리하러 가자."

"그래, 좋다. 오늘 저녁엔 수박을 배 터지도록 먹어 보자."

의견이 일치되면 아이들은 즉시 방을 나와 살금살금 김 영감네 수박밭을 향해 간다.

"잠깐! 지금부터 발자국 소리가 나지 않도록 조심해서 걸어. 그리고 큰 소리로 말을 해서는 안 돼. 원두막에 주인 아저씨가 계시면 큰일나니까."

과일 서리를 해 본 경험이 있는 아이는 처음으로 서리에 참가하는 아이들에게 주의를 준다. 처음 참가하는 아이는 가슴이 두근거리지만 용기를 내어 참는다.

"야, 칠복이. 넌 원두막에 다가가 사람이 있는지 없는지 알아보고 와."

나이가 제일 많은 아이가 칠복이에게 명령을 내린다. 칠복이는 몸이 날래고 요령이 많아 과일 서리를 할 때에는 언제나 원두막에 사람이 있는지 확인하는 임무를 맡는다.

칠복이는 살금살금 원두막 가까이 다가가 과수원을 지키는 사람이 있는지 없는지 동태를 확인한다.

"아무도 없어. 지금이 기회야."

정찰병 칠복이가 돌아와서 이렇게 말하면 아이들은 그제야 행동을 개시하게 된다. 이 때 만약을 대비해서 나이 어린 아이는 망을 보게 한다.

"자, 모두들 땅바닥에 바짝 엎드려 수박밭으로 들어가자."

아이들은 선임자의 말에 따라 몸을 납작 엎드린 채 수박밭을 향해 기어간다. 그러다가 큼지막한 수박이 발견되면 꼭지를 따서 안고 재빨리 뛰어나와 미리 약속한 아지트에서 만난다. 옷은 땅바닥을 기어서 온통 흙투성이로 변해 버렸지만 아랑곳하지 않는다.

수박 서리에 성공을 하면 그 날 저녁은 배가 터지도록 수박을 먹는 날이다. 만약 실패를 하여 들키는 날에는 주인에게 굽신굽신 사과를 하며 용서를 빌었다. 그러면 주인은 아이들의 장난이라 심하게 꾸짖지 않고 돌려 보낸다. 마음씨 좋은 주인은 어린아이들이 얼마나 수박이 먹고 싶어 이럴까 싶어 공짜로 수박을 주기도 했다.

"아빠도 서리를 해 봤어요?"

내 이야기가 끝나자 정인이가 물었다.

"그럼. 아빠도 옛날에 딸기밭에 서리를 갔다가 혼이 난 적이 있었지."
"왜요?"
"아빠가 중학교 1학년 때였어. 아이들과 어울려 딸기 서리를 갔는데 딸기를 담아 올 그릇을 가지고 가지 않았던 거야. 물론 그릇을 가지고 갈 수도 없는 상황이었지만."
"그래서 어떻게 했어요?"
"아빠는 딸기밭에 들어가 웃옷을 벗었지. 그리고 거기에 잘 익은 딸기를 담은 거야. 다음날 아침 옷을 입으려고 보니까 온통 빨간 물이 들어서 어머니께 혼이 난 적이 있었단다."
그러자 정인이가 깔깔거리며 웃었다.
"남의 집 물건을 훔치는 것은 좋지 않아. 옛날에는 먹는 인심이 좋아 그런 대로 이해를 해 주었지. 하지만 요새 그랬다간 당장 경찰서에 잡혀갈 거야. 정인이는 절대로 그런 장난을 하면 안 돼. 알았지?"
"네."
아이들은 쟁반 위의 사과를 맛있게 먹으며 재미있다는 듯 내 얼굴을 쳐다보았다.

서양의 신식 물건들

"앗! 갑자기 웬 정전이지?"

텔레비전 퀴즈 프로를 보고 있는데 갑자기 전깃불이 나갔다.

나는 무슨 일이 일어났나 싶어서 바깥을 살펴보았다. 먼 동네에는 전깃불이 반짝거리고 있는데 우리 아파트 단지만 캄캄했다.

나는 이럴 때를 대비해서 서랍에 놔두었던 비상용 양초를 찾아 불을 켰다. 촛불의 밝기가 겨우 사람의 얼굴을 알아볼 정도였다.

"에이, 한참 재미있었는데……."

문희는 어두운 것보다 텔레비전 퀴즈 프로를 못 보는 것이 더 안타까운지 혀를 끌끌 찼다.

"이거 어두워서 숙제를 못하겠잖아."

정인이는 숙제를 하는 중이었다. 갑자기 캄캄해지자 원망섞

▲ 서울의 야경 : 자동차와 네온사인, 상점에서 흘러나오는 불빛으로 휘황찬란하다.

인 목소리로 혼자 투덜거렸다.
 "조금만 기다려라. 곧 전기가 들어올 거다."
 나는 아이들을 다독여 놓고 관리실에 연락해 보았다. 잠깐 전기 공사를 하고 있으니 10분만 기다려 달라는 것이었다.
 "10분만 기다리면 돼. 답답하지만 조금만 참자. 옛날에는 이런 촛불도 없어서 밤이면 호롱불을 켜놓고 바느질을 했단다."
 "아빠, 옛날 사람들은 무척 답답했겠어요. 호롱불을 켜놓고 무슨 일을 할 수 있겠어요?"

문희가 물었다.
"그렇지도 않았어. 옛날 사람들은 밤은 으레 어두운 거라고 생각하고 있었기 때문에 답답해하거나 불편하다고 생각하지 않았을 거야. 말하자면 자연의 법칙에 순응하는 편이었지. 이런 전깃불이 있다는 것을 모르던 시절에는 밤이 어두운 것은 당연한 것이었어."
"……."
"문희는 전기가 우리 나라에 언제 들어왔는지 아니?"
"몰라요. 전기를 에디슨이 발명했다는 것은 알아요."
"그건 나도 안다."
옆에 있던 정인이가 나섰다.
"좋아. 그럼 지금부터 전기가 우리 나라에 처음 들어왔을 때의 이야기를 해 주마."
나는 헛기침을 한번 크게 하고 촛불 아래 반짝이는 네 개의 눈동자를 바라보며 입을 열었다.
에디슨이 백열등을 발명한 것은 1879년의 일이다. 서양에서는 그 때까지 가스등이나 램프로 밤을 밝히고 있었다.
전기는 서양의 문물 중에서 상당히 빠르게 우리 나라에 들어온 셈이다.
우리 나라에서 전기가 제일 먼저 설치된 곳은 임금님이 거처하던 건천궁이었다. 1887년 3월 6일, 경복궁 안 건천궁에서 눈부신 조명이 어둠을 물리쳤다.

"와아!"

모여든 사람들의 입에서 탄성이 흘러나왔다. 우리 나라 최초로 전등불이 켜진 것이다.

그 당시 조선에서 가장 밝은 불은 석유램프 정도였다. 석유램프도 조선에 들어온 지 몇 년 되지 않은 때였다.

"원, 세상에……. 무슨 불이 저렇게 밝지? 도깨비불보다도 더 밝구만."

궁녀들은 전깃불 가까이엔 아예 접근하지도 못했다. 멀찌감치 숨어서 전깃불을 구경했다. 왜냐하면 서양에서 들어온 이상하게 생긴 기계를 돌리니 '반짝' 하고 불이 들어오는 것이 도깨비불보다 더 밝고 무섭게 느껴졌기 때문이다.

▲ 한미전기회사 : 미국인 콜브란이 1898년에 세운 것으로 지금의 종로 2가 장안빌딩 자리에 있었다.

당시 발전기를 조립하고 설치하며 전등을 가설하는 등의 일을 맡은 사람은 미국 에디슨 전기 회사의 윌리엄 맥케이라는 전기 기사였다.
　그는 향원정 연못의 물을 이용해 석탄을 연료로 하여 발전기를 가동했다. 그런데 기계 돌아가는 소리가 어찌나 크고 우렁찬지 꼭 천둥치는 소리 같았다고 한다.
　발전기를 가동하자 연못에 사는 물고기들이 떼죽음을 당했다. 발전기 가동으로 연못의 수온이 올라갔기 때문이다. 그리하여 전등을 가리켜 물고기를 끓인다는 뜻으로 '증어'라 부르기도 했다. 또, 기계의 성능이 완벽하지 못했기 때문에 자주 전등불이 꺼지고 그 때마다 수리 비용도 엄청나게 들어갔다. 그러자 사람들은 이를 두고 일은 안 하고 놀러 다니며 돈이나

▼**경복궁 안의 향원정** : 우리 나라 최초의 전기 발전은 1887년 향원정 연못의 물을 끌어올려 가동되었다.

펑펑 쓰는 건달 같다 하여 '건달불'이라고도 했다.
 이러한 전깃불은 개화의 물결을 타고 우리 나라에 들어왔다. 1873년 대원군이 정치에서 물러나고 고종이 친정을 선언함에 따라 개화의 바람이 일기 시작했다.
 여기에 외세의 강한 압력이 더해져 문호를 개방하게 되었고, 미국과도 1882년 5월 22일 한미 통상 협정을 맺게 되었다.
 한미 통상 협정이 체결되자 이듬해인 1883년 5월 미국의 초대 주한 공사로 후트가 서울에 부임했으며, 우리 나라는 그 해 8월 민영익, 홍영식 등을 사절단으로 미국에 보냈다.
 우리 나라 사절단은 새로운 문명 세계를 접하며 놀라운 과학 용품들을 살펴보았다. 그리고 귀국해서 고종에게 발전소 건설을 건의하여, 마침내 에디슨 전기 회사와 계약을 체결하고 처음으로 궁궐에 전깃불을 밝히게 된 것이다.
 그 후 전기가 대중화된 것은 전차를 가설하면서부터였다. 전차는 전기의 힘으로 움직였다. 그러므로 전차를 움직이게 하기 위해서는 발전소를 설치해야 했다.
 전차가 개통되자 서울 시민들은 축제 분위기였다. 처음 보는 이상하게 생긴 쇳덩이가 편리하게 사람을 태워다 주는 것이니 당연히 그러했을 것이다.
 장안의 남녀 노소 가릴 것 없이 전차를 따라 정신 없이 뛰어 달리는 통에 경찰은 질서 유지를 하느라 진땀을 뺄 정도였다고 한다.

▲전차를 타는 아낙네들 : 전차가 처음 나왔을 때에는 남녀의 좌석이 따로 나뉘어 있었다.(1901년)

　시운전에 성공한 전차는 여러 차례의 시험을 거친 다음 5월 20일부터 일반에 공개 운행되었다. 바야흐로 우리 나라 대중 교통에 혁명이 일어난 것이다.
　전차는 처음에는 동대문과 서대문 사이를 아침 8시부터 오후 6시까지만 운행하였다.
　초기에는 상등칸과 하등칸의 구별이 있었고, 요금도 달랐다고 한다. 서대문에서 동대문까지 상등칸은 엽전 다섯 돈, 하등칸은 서 돈이었다. 앞뒤로 창문이 없는 칸이 하등칸이었고, 가운데 창문이 있는 칸이 상등칸이었다.
　처음에는 정거장이 없어 승차할 사람은 선로의 골목길 입구에서 기다리다가 전차가 오면 손을 들어서 탔고, 내릴 승객은 미리 차장에게 말해서 편리한 곳에서 내릴 수 있게 했다.
　그러던 어느 날 전차에 어린아이가 치여 죽는 불상사가 일어났다. 전차가 선로를 건너던 어린이를 치어 죽게 하고는 그대로 진행하려 했다. 이것을 본 시민들은 분노하여 그 자리에서 전차를 불질러 태워 버렸다.

"괴상하게 생긴 것이 들어와 사람을 죽이다니……!"

"살인마 전차를 못 다니게 해야 한다!"

이렇게 뜻하지 않은 교통 사고로 인해 전차의 운행이 한동안 중단되기도 했다. 그러나 얼마 가지 않아 전차는 서울 시민들의 충실한 발이 되어 굉장한 인기를 누리게 되었다.

전차의 궤도는 거리의 중앙이 아닌 보도 쪽에 가설되었다. 그리고 시내의 4대문 좌우에는 성벽이 있기 때문에 전차는 남대문과 동대문의 누문 안으로 통행했다. 특히 남대문은 원래 사람과 말의 교통량이 폭주했던 곳인데 그 좁은 문 안으로 전차가 달리고, 1905년부터는 경부철도가 개통되어 철도 승객까지 남대문을 통해 들어왔기 때문에 큰 혼잡을 이루었다.

그러자 1907년 남대문 바로 서남쪽에 있던 남지 연못을 메우고 대문은 그대로 둔 채 양쪽의 성벽을 헐어 폭 8간의 새 길을 내어 전찻길을 마련했다.

전차가 서울 시내에 운행되면서 사람과의 접촉 사고도 자주 일어났다. 그 때마다 전차는 시민들의 습격과 방화로 큰 수난을 겪기도 했지만 인구 증가로 인한 교통 혼잡으로 도심에서 완전히 밀려날 때(1968년)까지 전차는 서울 시민의 발 역할을 톡톡히 했다.

전차의 운행과 함께 발전소도 늘어나 비록 소수이기는 했지만 일반 가정에도 전기가 들어오게 되었다.

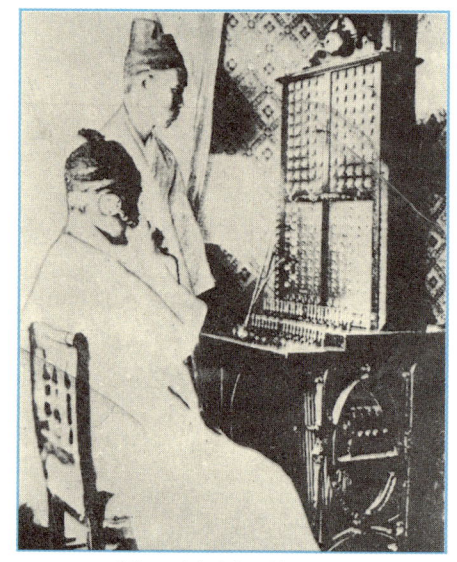

▲개화 초기의 전화 교환대와 교환수(1898년)

한편, 전화가 우리 나라에 들어와서 제대로 개통된 것은 전기보다 20년 가량 늦은 1898년 무렵이었다. 그 당시에는 전화를 '덕진풍', '덕률풍' 또는 '득률풍', '전어기' 등으로 불렀다.

덕진풍이란 '텔레폰(전화의 영어 발음)'이란 영어 발음을 한문으로 표기한 것이다.

덕진풍 역시 궁중에 제일 먼저 설치되었다. 이후 1902년 3월 서울~인천 사이에 전화가 가설되었고, 같은 해 6월에는 시내 교환 전화가 가설되었다. 그러나 전화선의 상태가 좋지 않아서 잘 들리지 않을 때가 많았다.

옛날의 전화는 지금처럼 다이얼만 누르면 상대편이 나오는 그런 전화가 아니었다. 교환원이 중간에서 항상 상대방을 연결해 주어야 통화를 할 수 있었다. 또 송수화기가 따로 분리되어 있어서 사용하기에도 불편했다.

전화가 서울 시민들에게 보급되기 시작하자 사람들은 많은 호기심을 가지면서도

▲자석식 전화기 : 수화기를 들지 않고 손으로 교환소에 신호를 보내서 상대방 번호를 말하면 중간에서 교환수가 연결해 주어서 통화한다.

한편으로는 두려워했다. 어떤 사람은 전화기 속에 말하는 귀신이 들어 있다고 생각해 전화 걸기를 무서워했다.

그러나 1905년 우리 나라의 통신권은 일본에 강탈되고 말았다. 그로 인해 전화 사업도 일본 손에 넘어가 8·15 광복 때까지 40년간 일본인에 의해 운영되었다. 따라서 일제 통치 기간 일본의 식민 정책과 대륙 침략을 위해 전화 사업은 많은 발전을 하였다. 그러나 대부분 관용이었고 민간이 사용한 전화도 거의 일본인 차지였다.

또 다른 서양 신식 물건 중의 하나가 사진기다. 사진기가 처음으로 소개되었을 때 사람들은 사진 찍기를 두려워했다. 사진을 찍으면 자신의 혼을 빼앗긴다고 믿었기 때문이었다.

옛날 사람들은 귀신을 대단히 무서워했던 모양이다. 그러나 이것은 비단 우리 나라뿐만이 아니다.

1839년 프랑스인 다게르가 사진기를 처음 발명했을 때, 당시 유럽의 신문에는 이런 기사가 실렸었다고 한다.

〈하느님의 형상과 같은 인간의 모습을 포착한다는 것은 불가능할 뿐더러 신에 대한 모독이다. 이런 기계를 만들었다고 떠드는 다게르는 분명 바보 중의 바보다.〉

그런데 21세기에 접어든 지금도 문명을 접하지 않고 사는 일부 비문명권 사람들은 사진기를 들이대면 사진기가 영혼을 빼앗아 가는 것으로 여기고, 사진 찍히는 것을 극도로 거부한다고 한다.

우리 나라에 사진 촬영술을 처음으로 도입한 사람은 김용원과 지운영이라고 한다. 그들은 1884년 일본에서 사진 촬영을 배웠다.

당시 지운영은 고종의 초상사진을 제일 먼저 찍어 주고 사진업 허가를 받아 내기도 했다. 그리고 때마침 단발령이 실시되면서 상투 튼 모습을 사진으로 남기려는 사람들이 늘어나면서 사진 촬영은 자연스럽게 확산되기 시작했다.

이후 일제 시대에도 우리 나라 사진기 사업은 그저 기와집 한 채 값을 주고 일본에서 라이카 사진기 한 대를 들여오는 수준에 불과했고, 6·25 한국전쟁 이후에도 미군에서 흘러나오는 사진기가 국내 사진기 산업의 전부였다.

하지만 최근에는 삼성항공측이 독자 기술로 세계 최고 수준의 4배 줌 카메라를 개발하고 현대, 아남 등도 잇달아 새로운 제품을 내놓는 등 우리 나라 사진기 산업이 활성화되고 있다.

이렇게 서양의 신식 물건들에 대해 설명할 때 전기 수리를 끝마쳤는지 전깃불이 반짝 들어왔다.

"아! 이제야 살 것 같다. 그런데 퀴즈 게임이 다 끝났잖아."

문희는 아쉬운 표정이 역력했다.

"아! 나도 얼른 숙제를 해야지."

정인이는 과제물을 들고 나와 텔레비전을 보며 정리했다.

"옛날 이야기를 하다가 텔레비전을 보니 문희와 정인이의 어린 시절이 생각나는구만."

"뭔데요?"
문희는 자신의 얘기가 나오자 궁금한 듯이 물었다.
"네가 어렸을 때도 그랬고 정인이가 어렸을 때도 그랬는데……. 텔레비전 화면에 먹을 것이 나오면 그것을 꺼내 달라고 떼를 썼는데 기억나니? 아이스크림이 나오거나 먹고 싶은 것이 보이면 사 달라고 하지 않고 그걸 꺼내 달라고 아빠를 못살게 했단 말이다."
"헤헤헤……. 정말 그랬어요?"
문희는 겸연쩍은 듯이 웃었다.
"하긴, 아빠도 어렸을 적에 라디오를 보고 엉뚱한 생각을 한 적이 있었지. 틀림없이 이 조그만 상자 속에 조그마한 사람들이 들어 있을 거라고. 그 사람들이 노래도 하고 뉴스도 전해 주고 재미있는 소리를 만들어 낸다고 말야."
"에이, 아빠도 어릴 적엔 우리랑 별로 다르지 않았네요."
정인이가 한마디 했다.
"그러니까 옛날 사람들이 전화나 전기, 라디오, 사진기 따위가 처음 들어왔을 때 귀신이 붙어 있는 물건이라고 하며 두려워한 게 어쩌면 당연했는지도 몰라."
"하하하……."
"히히히……."
"허허허……."
우리는 한바탕 소리를 내며 큰 소리로 웃었다.

놀이 문화의 발달

"아빠, 오늘은 서울랜드에 가요. 88열차도 타고 환상의 나라도 구경해요. 네?"

일요일이 되자 아침부터 정인이가 졸라댔다.

"그래, 오늘은 모처럼 날씨도 맑고 봄날씨처럼 포근하니 나들이하기에 알맞겠다."

나는 텔레비전을 끄고 곧 외출 준비를 서둘렀다.

아내는 음료수와 과자 등 약간의 먹을 것을 준비했다.

정인이는 장난감 권총을 허리에 차고 나섰다.

"환상의 나라에 가서 괴물이 나타나면 이걸루 쏠 거야."

정인이가 화분을 향해 권총을 겨냥하더니 방아쇠를 당겼다. 그러자 플라스틱으로 된 하얀 총알이 총구에서 튀어나와 화분을 맞추었다.

"봐라, 명중이다!"

정인이는 혼자 신이 났다.
"너 그런 장난감을 가지고 다니다 누굴 다치게 할까 엄마는 겁이 난다. 집에 두고 가렴."
"아니야, 가지고 갈래. 만약 나쁜 아이들이 나타나면 탕탕! 쏠 거야."
엄마가 정인이를 타일렀지만 말을 듣지 않았다.
정인이는 장난감 권총뿐만 아니라 여러 가지 장난감으로 온통 방 안을 장식해 놓았다. 조립식 모형 만들기를 비롯하여 자동차, 움직이는 강아지, 변신 로봇 등 녀석의 방 안은 장난감 투성이라 해도 과언이 아닐 정도다.
문희도 마찬가지다. 문희의 공부방에는 크고 작은 인형들로 가득 차 있다. 그런데도 장난감 가게 앞을 지나갈 때면 아이들은 번번히,
"아빠, 공룡 한 마리만 사 줘요."
"난 저 인형이 갖고 싶어요, 아빠."
하고 언제나 졸라댔다.
나는 과천으로 차를 몰면서 두 아이에게 장난감에 얽힌 이야기를 들려주어야겠다고 생각했다.
옛날에는 장난감이라는 의미가 희박했다. 오늘날처럼 가게가 있어서 장난감을 살 수 있는 것도 아니었다. 아이들은 가지고 놀고 싶은 것이 있으면 언제나 손수 만들어서 사용했다.
가령, 피리를 불고 싶으면 물이 오른 버들가지를 꺾어 줄기

▲팽이치기는 겨울철에 남자 아이들이 얼음판 위에서 즐겨하던 놀이이다.

가 터지지 않게 아주 조금씩 비튼 다음 속에 든 고갱이를 요령껏 빼낸다. 그러면 버들가지의 줄기와 속의 고갱이가 자연스럽게 분리된다. 이 때 고갱이는 버리고 줄기를 적당한 길이로 자른 다음, 한쪽 끝 부분을 소리가 잘 전달되도록 만든다. 그런 다음 입술을 대고 불면 '삐리리삐리리' 피리 소리가 나는 것이다.

또 팽이를 치고 싶으면 나무의 가장 곧게 자란 부분을 잘라 낫이나 칼로 한쪽 끝을 뾰족하게 깎아서 쇠구슬 따위의 심을 박아 모양새를 만든다. 그리고는 채로 치거나 끈을 팽이 몸통에 감았다가 끈을 잡아당겨 돌리면 뱅글뱅글 돌아간다.

"아빠, 나도 그렇게 팽이 하나 만들어 줘요."

내 말이 끝나기도 전에 정인이는 팽이가 갖고 싶은지 소리를 질렀다.
"어휴, 쟤는 무슨 말을 못해. 지금 아빠가 운전하고 계시는데 어떻게 만드니?"
문희가 정인이를 나무랐다.
"아빠, 옛날 어린이들 장난감에는 피리나 팽이 말고 또 어떤 것들이 있었나요?"
"어, 이번에는 정인이가 괜찮은 질문을 하는구나. 여자 아이들에겐 도토리만한 다섯 개의 돌을 가지고 던지고 줍고 받고 하는 공기, 사금파리(깨진 사기 그릇 조각), 베개 등이 있고, 남자 아이들에겐 활, 나무 막대기, 딱지, 떨어진 고무신 등이 있었지."
"아빠, 여자 아이들이 사금파리와 베개를 가지고 놀았다고요? 대체 그걸 가지고 어떻게 놀았어요?"
문희는 여자라서 그런지 여자 놀이에 관심이 많았다.
"사금파리는 소꿉놀이를 할 때 그릇 대용으로 썼어. 거기에다 맛있는 음식을 차려 신랑 각시 놀이를 하는 거지. 베개는 아기를 대신했는데, 옛날에는 인형이 없었기 때문에 베개나 옷가지를 둘둘 말아서 '아기'라고 하면서 놀았단다."
"그럼 떨어진 고무신은 뭐예요?"
정인이가 물었다.
"그건 자동차였지. 고무신이 없을 때는 자동차처럼 납작한 돌을 구해 와서 자동차라고 여기며 놀았어."
"히히히……. 우습다. 고무신이 자동차라니……."
"그것 보렴. 옛날에는 특별한 장난감 없이 나무 토막 같은 것으로 만들어 놀았는데, 거기에 비하면 너는 얼마나 장난감이 많니?"
엄마가 한마디 했다.
"예전에는 어린이를 위한 특별한 장난감이 거의 없었어. 어린이가 가지고 놀 수 있는 나무 막대기, 돌, 쓰다 버린 그릇 따위가 전부였어. 그러다가 서양 문물이 들어오면서 여러 가지 장난감도 함께 선보인 거야. 그 대표적인 것이 장난감 나팔이었어. 입에 대고 '후우' 하고 불면 '빠아!' 하고 소리가 나는 조그마한 장난감이지. 그렇지만 보통 사람들은 돈이 귀해서 아이들에게 장난감을 사 줄 엄두도 내지 못했단다."
나는 장난감에 대한 이야기를 하면서 과천을 향해 질주했다.
옛날에는 장난감도 변변히 없었지만 아이들은 씩씩하고 재미있게 잘도 뛰어놀았다. 푸르른 대자연이 곧바로 아이들의 놀이터였기 때문이다.
들에 가면 토끼풀꽃을 가지고 시계를 만들어 손목에 차 보기도 하고, 산에 오르면 풀숲에 있는 새 알을 찾아 만져 보기도 하고 적과 아군으로 편을 갈라 전쟁놀이도 하곤 했다.
그러나 도시에 많은 사람들이 모여 살게 되자 옛날의 놀이동산은 주택지로 변해 갔다. 그러다 보니 아이들이 마음껏 뛰

놀 마당도 동산도 없어져 버렸다.

　하루를 마음껏 뛰논다는 것은 내일을 위해 에너지를 충분히 저장하는 것이나 다름없다. 그런데 도시의 발달은 많은 사람들의 휴식 공간을 빼앗아 갔다. 그리하여 서울시에서는 온 가족이 즐겁게 휴식을 취할 수 있는 공간을 제공하기 위해 서울대공원을 건립하기로 했다.

　과천에 있는 서울대공원은 1978년에 착공하여 1984년에 완공되었다. 서울대공원이 생기기 전에는 많은 사람들이 창경원을 이용하였다.

　창경원에는 외국에서 들여온 진귀한 동물과 식물들이 있었고 여러 가지 놀이 시설도 갖추어져 있었다. 서울 시민은 물론 지방에서 서울 나들이를 하는 사람은 반드시 창경원을 둘러보아야 서울을 구경했다고 할 정도로 인기가 있었다.

　어린이들도 마찬가지였다. 엄마 아빠의 손을 잡고 창경원에 들어가 회전그네를 타고 코끼리와 곰의 재롱을 구경하면서 집에서 맛있게 장만해 온 음식을 나무 그늘 아래에서 먹을 때면 뿌듯한 행복감을 느꼈다.

　그러나 창경원은 일제 시대에 일본인 관리들이 조선 왕조의 권위를 떨어뜨릴 목적으로 창경궁을 마음대로 개조하여 벚나무를 심고 동물들을 들여다 놀이공원으로 만들어 버렸다. 임금이 살던 엄숙하고 위엄이 서린 궁궐을 한낱 먹고 마시고 흥얼대며 노는 놀이터로 전락시켜 버린 것이다.

정부에서는 뒤늦게 창경궁을 옛 모습대로 복원하기로 결정하고, 그 곳에 있는 동식물과 각종 편의 시설을 과천의 서울대공원으로 옮겼다. 그래서 지금의 서울대공원이 탄생하게 된 것이다.
　서울대공원의 규모는 창경원과 비교할 수 없을 정도로 넓고 크다. 최첨단 놀이 시설도 창경원에서는 볼 수 없던 것들이다.
　서울대공원 입구가 시야에 들어왔다. 입구가 장사꾼들로 몹시 붐볐다. 풍선을 비롯하여 봉제 인형과 가면, 자동차, 비행

▼**서울대공원** : 시민들의 휴식 공간으로 각종 동식물과 첨단 놀이 시설을 갖추고 있다.

기 등등 없는 것이 없을 정도였다.
"아빠, 저 무선 자동차 사 줘요."
정인이는 서울대공원에 들어가기도 전부터 나를 졸라댔다.
"아빠, 나는 저 곰돌이 인형……."
문희도 질세라 나의 팔을 잡고 늘어졌다.
나는 두 아이의 등쌀에 떠밀려 장난감 가게 앞으로 다가가 호주머니를 뒤적거리지 않을 수 없었다.
미래에는 얼마나 새롭고 많은 장난감들이 아이들의 눈을 사로잡을 것인지…….

빈대떡엔 빈대가 없다

　우리 식구는 오랜만에 외식을 하기로 했다.
　"아빠, 돈가스 사 주세요."
　정인이는 돈가스를 좋아했다. 분위기 있는 레스토랑에 들어가 친절한 웨이터가 날라다 주는 포크와 나이프로 돈가스를 썰어 먹을 때는 영화 속의 주인공이 된 듯한 기분이 든다고 했다.
　"아빠, 피자를 먹으러 가요. 피자가 얼마나 맛있는데요."
　문희는 피자를 좋아했다. 그리고 나와 아내는 한식을 좋아하는 편이었다.
　"아빠, 돈가스 먹으러 가요."
　"아빠, 피자 사 주세요."
　아이들은 제각기 먹고 싶은 것들을 졸라댔다.
　"안 되겠다. 오늘은 간단하게 설렁탕으로 하자."

"외식을 한다더니 겨우 설렁탕이에요?"
이번에는 아내가 불평했다.
그 때 내 눈에 '정동 빈대떡'이란 간판이 눈에 들어왔다.
"오늘은 모처럼 빈대떡을 먹자. 빈대떡은 한국식 피자야. 너희들 빈대떡 못 먹어 봤지? 피자가 맛있는지 빈대떡이 맛있는지 판가름을 해 보렴."
우리 식구들은 빈대떡집으로 향했다. 그런데 정인이는 한사코 들어가지 않겠다며 고집을 부렸다.
"싫어, 나는 빈대떡 안 먹을래. 빈대떡은 싫단 말야."
나는 정인이가 극구 싫어하는 이유를 몰랐다.
"왜 그러니?"
"……."
정인이는 말을 하지 않았다. 음식을 놓고 정인이가 이렇게 떼를 쓴 적은 없었다.
"왜 먹기 싫어? 빈대떡은 우리 고유의 음식이야. 얼마나 맛있다고. 정 먹기 싫으면 다른 걸 시켜 먹어."
"……아빠. 빈대떡 한 개에 빈대가 몇 마리나 들어 있어요?"
정인이가 물었다.
"뭐라구? 빈대떡에 빈대가 몇 마리 들어 있느냐구?"
나는 기가 차서 웃고 말았다.
"오라, 그러고 보니 정인이는 빈대떡에 빈대가 들어 있는 줄 알고 먹지 않으려고 했구나. 빈대떡엔 빈대가 들어 있지 않

아. 빈대떡이란 '귀빈을 접대하는 떡'이라는 뜻이야. 사람이나 동물 몸에 붙어서 피를 빨아먹고 사는 빈대와는 전혀 다른 거야."
"정말이에요, 아빠?"
그제야 정인이의 얼굴에 화색이 돌았다.
"정말이고말고. 너희들이 빈대떡에 대해 너무 모르는구나. 내가 빈대떡에 얽힌 이야기를 해 주마."
우리는 빈대떡집으로 들어갔다.
나는 먼저 주문을 하고 음식이 나올 때까지 우리의 전통 음

▲빈대떡이나 전은 예부터 우리 선조들이 약주와 함께 즐겨 먹던 음식이다.

▲밀가루에 호박, 부추 등을 넣고 부친 부침개도 우리가 즐겨 먹는 고유 음식이다.

식들에 대해 몇 마디 들려주었다.

　예로부터 귀한 손님을 대접하는 음식상에는 반드시 빈대떡이 나오게 마련이었다. 제사상에도 빈대떡은 빠뜨리지 않고 올린다. 빈대떡은 서울의 음식이며 한국 고유의 전통 음식이다.

　빈대떡의 재료로는 녹두, 쇠고기나 돼지고기, 기름 등이 들어간다. 먼저 물에 불린 녹두를 맷돌(또는 믹서)에 갈아 기름을 잔뜩 칠한 프라이팬 위에 국자로 적당한 양을 떠서 둥글게 펼쳐 놓고 지진다. 빈대떡이 지글거리며 익는 소리와 냄새가 온 집안에 퍼지면 입 안에 군침이 저절로 돌게 마련이다.

　이쯤 되면 집안의 남자들은 대뜸 술 생각이 나서 참지 못하고 소리친다.

"여보, 빈대떡 한 접시에 술상을 좀 보아 주구려."

빈대떡과 비슷한 음식으로 부꾸미나 전 종류가 있지만 빈대떡과는 입 안에서 감도는 맛이 다르다.

이야기를 하는 동안 김이 모락모락 올라오는 먹음직스러운 빈대떡이 나왔다. 아내가 젓가락을 사용하여 둥그런 빈대떡을 여러 조각으로 나누었다.

"자, 어서들 먹어 보렴. 노릇노릇한 것이 진짜 맛있게 생겼구나."

나는 한 조각을 집어 입에 넣고 우물거리며 말했다. 그제서야 아이들도 따라서 먹기 시작했다.

빈대떡 한 접시를 먹고 나서 이번엔 설렁탕을 주문했다.

설렁탕의 유래는 동대문구 용두동에 있는 선농단에서 찾아볼 수 있다. 선농단이란 아주 옛날 인간들에게 농사짓는 법을 가르쳐 준 선농씨와 후직씨를 제사 지내는 단이다.

조선의 역대 임금들은 매년 봄이면 이 곳에 와서 제사를 지냈다. 임금은 제사를 마치고 나면 으레 농사를 짓는 백성들을 위해 소와 돼지를 잡았다. 그리고 쇠고기와 쇠머리뼈를 함께 넣어서 끓인 국을 설렁탕이라고 해서 임금님과 백성들이 나누어 먹는 풍습이 있었다.

그 후 설렁탕은 서울의 명물이 되어 전국으로 퍼져 나갔다.

정인이와 문희는 빈대떡에다 설렁탕까지 다 먹고 나자 배가

▼설렁탕 : 소의 머리, 내장, 뼈다귀, 발, 도가니 따위를 넣고 푹 고아서 만든 국을 말한다.

▲선농단 : 조선 태조 이래 역대 왕들이 풍년을 기원하며 선농제를 올리던 곳이다.

터질 것 같다고 호소해 왔다.

"그것 보렴. 우리의 전통 음식이 얼마나 푸짐하고 맛도 좋니? 피자와 돈가스가 아무리 맛있다고 해도 이렇게 배가 터지도록 먹을 수는 없어."

우리 가족은 오랜만에 배부른 외식을 했다.

수돗물이 없던 시절

"아빠, 약수터에 안 가세요? 식수가 떨어졌나 봐요."

일요일 아침, 자리에서 일어나자마자 문희가 냉장고 안을 들여다보더니 말했다. 나는 운동복으로 갈아입고 문희와 함께 약수터로 향했다. 약수터는 집에서 그다지 멀지 않았다.

우리가 약수터에 도착했을 때는 이미 많은 사람들이 물을 받기 위해 줄을 서 있었다.

"우리 차례가 오려면 적어도 한 시간 반은 기다려야 할 것 같군."

"어휴! 한 시간 반씩이나……!"

내 말에 문희는 벌써부터 지루해 못 기다리겠다는 듯 입을 뾰족 내밀었다.

"아빠, 사람들은 집 안에 수돗물을 놔두고 왜 약수를 떠다 먹죠?"

"그건 약수가 수돗물보다 더 우리 몸에 이롭다고 생각하기 때문이지."

"약수터의 물도 상당히 오염되었다고 하던데요?"

"그래. 옛날엔 우리 나라를 가리켜 산 좋고 물 좋은 금수강산이라고들 했는데, 이젠 물조차 마음대로 먹지 못하는 세상이 되었구나."

"그래서 모두들 환경 보호 운동을 하는 게 아니겠어요."

"문희야, 우리 산꼭대기까지 올라갔다 오자. 그러면 기다리는 시간이 지루하지도 않을 것이고 운동도 되고……, 얼마나 좋으냐?"

"네, 아빠."

나는 동네 사람에게 물통을 봐 달라고 부탁한 다음 문희와 함께 약수터 위의 등산로로 접어들었다.

"아빠, 수도가 없던 옛날에는 어떻게 물을 구했어요?"

"옛날에는 우물물을 길어다 식수로 사용했지."

"우물은 집집마다 있었나요?"

"아니야. 마을마다 공동 우물터가 있었어. 여자들은 아침마다 우물에 가서 물동이로 물을 길어다 밥을 짓곤 했지. 옛날에는 우물물이 시원하고 물맛도 좋았어."

어느새 문희와 나는 산중턱까지 올라왔다. 바위에 걸터앉아 잠깐 쉬면서 수돗물에 대한 이야기를 계속했다.

서울의 인구가 나날이 늘어나고 쓰레기와 환경 오염 물질이 점점 많아지면서 우물물이 점점 마르고 물도 오염되어 가기 시작했다.

"이거 큰일났군. 우리 동네 우물물이 자꾸 말라 가고 있어."

"그런가? 우리 동네는 물맛이 이상해졌어. 전에는 좋았는데……."

"자꾸 땅을 파헤치고 쓰레기와 오물을 함부로 버리니까 땅이 썩어서 그래."

"그나저나 먹는 물이 이 지경이니 어떻게 하지?"

"약수 물이라도 길어다 먹는 수밖에……."

서울 시민들은 날마다 물 걱정을 했다.

우리 나라에 상수도 시설이 설치된 것은 일제 시대였다. 일본인들은 우리 나라의 우물물이 상당히 오염되어 있다는 것을 알고 급히 수도 시설을 했다.

"이봐. 일본 사람이 많이 사는 혼마치 쪽에는 수도라는 것이 생겼대. 쇠파이프 같은 대롱 끝에 꼭지가 달려 있는데 그것을 틀기만 하면 물이 좔좔 나온다는구만."

"나도 들었는데 거참 신기하더군. 쇠대롱을 틀기만 하는데 어떻게 물이 나올까?"

조선 사람들은 처음 수도를 보고 무척 신기해했다.

일본 관리들은 일본 사람 집에는 수도를 설치해 주었지만 조선 사람 집에는 예산이 없다는 핑계로 설치해 주지 않았다. 대신 마을 공터에 공동 수도를 설치해서 물을 길어다 먹게 했다.

그렇게 되자 사람들은 우물물 대신 수돗물을 찾기 시작했다. 우물물은 허드렛물로나 쓰이게 되었다.

언덕배기 고지대에 사는 사람들은 물동이나 지게로 물을 길어 날라야 했다.

▲ **서울의 물장수** : 집집에 수도가 없던 옛날에는 물장수들이 돈을 받고 물을 지게로 날라다 주었다. (1930년 무렵)

하지만 부잣집에서는 물을 날라다 주는 사람이 따로 있었다. 힘 좋은 젊은이들이 공동 수도에서 물을 받아 부엌까지 물지게로 져 나르는 것이다. 그러고는 물값과 품삯을 받았다.

그 당시 서울에는 물장수가 많았다. 몸만 건강하면 밑천 없이도 할 수 있는 장사였기 때문이다. 서울에 올라온 많은 고학생들은 이런 물장사를 하여 학비를 벌었다. 그래서 '북촌 물장수'니 '북청 물장수'니 하는 말이 생겨난 것이다.

수돗물도 우물물도 구할 수 없는 마을에서는 한강 물을 떠다 식수로 사용하기도 했다. 그 때까지만 해도 한강 물은 지금처럼 오염이 되지 않았기 때문에 먹을 만했다.

8·15 해방이 되고 나자 서울시에서는 수돗물을 각 가정까지 보급하려고 노력했으나 예산이 부족했다. 해방은 되었지만 우리 나라 살림이 너무 가난했기 때문이다.
　제3공화국의 박정희 대통령이 정권을 잡자 잘 살기 위하여 경제 개발을 서둘렀다. 정부에서는 도로를 확장하고 공장을 많이 지어 우리 나라 상품을 외국에 많이 수출하도록 격려했다. 또 집집마다 수도가 들어가도록 했다.
　지금은 언제 틀어도 수돗물이 콸콸 쏟아져 나오지만, 30년 전만 해도 서울의 수돗물 사정은 매우 나빴다.

▲ **영등포 수원지** : 한강 상류의 취수원에서 끌어온 물을 정수해 서울 시민에게 공급하고 있다.

1976년에 이르러 서울의 상수도 보급률은 50퍼센트를 겨우 넘어섰지만 수도 상태는 좋지 않았다. 수압이 낮거나 배수지에서 멀리 떨어진 지역에 사는 사람들은 찔끔거리는 수돗물과 씨름하는 게 일과였다.

우리 나라 최초의 정수장은 1908년 서울 성동구 왕십리길에 설립된 뚝도 정수장이다. 미국인 콜브란 씨와 보스트윅 씨가 당시 대한제국 정부로부터 따낸 상수도 시설 특허권을 조선수도 회사가 사들여 이 정수장을 지은 것이다.

사실 그 이전에도 상수도 시설이 두 곳에 있었다. 하나는 1895년 부산에 설립된 것이고, 또 다른 하나는 1905년 덕수궁에 설치된 소규모 수도 시설이다.

그러나 두 시설 모두 온전하지 못해 뚝도 정수장을 국내 최초로 보고 있다. 부산의 상수도 시설은 위생 장치 없이 급수 역할만 했고, 덕수궁의 시설은 황실 사람들을 위해 특별히 만들어진 것이었다.

뚝도 정수장은 설립 이후 서울 시민의 32퍼센트인 12만 5000명이 사용할 수 있는 물을 사대문 안과 용산 지역 일대 주민들에게 공급했다.

수돗물의 공급으로 물을 긷는 데 드는 수고는 물론 콜레라와 같은 수인성 질병이 많이 줄었다. 오물과 쓰레기, 개숫물로 인해 세균이 득실거리는 한강 물을 정수장이 깨끗이 위생 처리해 공급했기 때문이다.

그 후 우리 나라는 오로지 경제 발전을 위하여 수많은 공장들을 지었다. 논과 밭이 있던 자리에는 커다란 공장들과 주택들이 들어섰다.

공장과 주택은 물을 많이 사용했다. 인체에 해로운 폐수도 마구잡이로 흘려 보냈다. 그 폐수는 강과 바다로 흘러가 우리의 국토를 오염시켰다.

우리가 먹는 수돗물은 강 상류의 깨끗한 물을 잘 여과하여 각 가정으로 보내지고 있다. 그런데 언제부터인지 식수로 쓰이는 강물에 중금속이 들어 있어 많은 사람들을 놀라게 했다.

중금속은 우리 몸 속에 들어가 각종 질병을 일으키고, 심지어는 생명까지 잃게 하는 무서운 물질이다.

"어허, 이젠 수돗물을 마음놓고 먹을 수 없는 세상이 되었구나. 어떡하지? 하루라도 물을 마시지 않고는 살 수 없는데……."

약수터에 오는 사람들은 수돗물이 오염되었다는 신문 기사를 보고 하나같이 혀를 찼다.

"이젠 수돗물은 허드렛물로 사용할 수밖에……. 그리고 보니 옛날에 수도가 생길 당시 우물물을 허드렛물로 사용했었는데……. 격세지감(딴 세대와 같이 몹시 달라진 느낌)이군."

"우리가 환경에 대하여 너무 소홀히 한 대가야. 지금부터라도 환경에 신경을 써야 한다구."

약수터에 물을 받으러 온 사람들은 차례를 지키면서 모두들

물 걱정을 했다.

"아빠, 우리 물 받을 차례가 다 되어 갈 거예요. 이제 그만 내려가요."

"참, 그렇지. 내가 물 이야기를 하다가 물 받을 차례를 놓칠 뻔했군. 어서 내려가자."

문희와 나는 천천히 산을 내려오기 시작했다.

▲ 약수터 : 이름난 약수도 환경 오염으로 인해 대장균 같은 세균이나 중금속 등에 오염된 곳이 많다.

추운 겨울, 따뜻한 겨울

"문희야, 슈퍼에 가서 아이스크림 좀 사 오너라."

나는 갑자기 시원한 것이 먹고 싶었다. 방 안이 너무 더운 탓일까?

문희는 만 원짜리 한 장을 받아들고 그대로 현관문을 나서려고 했다.

"잠깐, 너 그런 차림으로 갈 거니?"

"왜요?"

"한겨울에 반바지 차림으로 가게에 갈 거냔 말이다."

"이 차림이 어때서요? 이렇게 입고도 더운걸요."

"바깥은 지금 몹시 추워. 감기 들지 않게 따뜻하게 두터운 옷을 걸치고 나가렴."

"괜찮아요."

문희는 방 안에서 입던 반바지 차림에다 슬리퍼를 신고 현관문을 나섰다.

　나는 은근히 걱정이 되었다. 그렇지만 아파트에서 슈퍼까지는 그리 먼 거리가 아니기 때문에 얼른 갔다 올 수 있을 거라고 생각했다. 그러나 문희는 일 분도 안 되어서 되돌아왔다.

　"아유, 추워. 아빠, 바깥은 너무너무 추워요. 아파트 관리실 앞을 지나는데 추워서 견딜 수가 없었어요."

　그러면서 무릎 아래까지 내려오는 내 코트를 걸치더니 다시 가게로 향했다.

　얼마 후 문희는 얼굴이 새파래진 채 아이스크림 한 통을 들고 들어왔다. 그러자 제일 먼저 정인이가 아이스크림통 옆에 달라붙었다.

　"문희 덕분에 정인이가 잘 먹겠군."

　내가 말하자 정인이는 겸연쩍게 웃었다.

　"아빠, 이렇게 추운 날 옛날에는 어떻게들 지냈어요?"

　문희는 문득 옛날 사람들의 겨울나기가 궁금한 모양이었다.

　"우리처럼 따뜻한 방 안에 둘러앉아서 가족들과 재미있는 이야기를 하며 지냈겠지."

　"그게 아니고요. 지금은 여러 가지 난방 기구가 많이 있어 추위를 걱정하지 않아도 되는데, 옛날에는 그런 것이 없었잖아요?"

　"오라, 난방 기구가 없었던 옛날에는 어떻게 추운 겨울을 견뎌 냈느냐는 말이군. 오, 그렇지. 마침 적당한 이야기가 생각

▲ 선사 시대 사람들은 움집에서 불을 피워 음식을 익혀 먹었다.

났어. 한번 들어 보렴."

나는 두 아이가 아이스크림을 먹는 동안 추운 겨울날을 따뜻하게 지내기 위해 쏟은 조상들의 지혜를 들려주었다.

수천년 전 아주 옛날에, 우리 조상들은 추위를 막기 위해 땅을 파고 움집을 짓고 살았다. 움집 한가운데에는 나뭇가지를 모아 항상 불을 피워 놓고 지냈다.

불은 옛날 사람들에게 매우 소중한 것이었다. 움집 안을 따뜻하게 해 주기도 했고, 음식물을 익히는 데도 없어서는 안 될 보물이었다.

세월이 흘러 우리 조상들은 불을 이용하여 방을 따뜻하게 하는 온돌을 개발했다. 아궁이에 불을 때면 그 열기로 방구들이 따뜻해지는 것이다. 온돌방은 아무리 추운 겨울이라 할지라도 방 안에만 들어오면 추위가 눈 녹듯이 녹아 버리는 훌륭한 난방 설비였다.

조선 시대 말기까지 우리 나라의 연료는 대부분 나뭇가지였다. 물론 전국토의 7할이 산이어서 땔나무 걱정은 할 필요가 없을 정도였다.

그러나 서울의 경우 인구가 자꾸 늘어나자 산의 나무가 남아 있지 않게 되었다. 집집마다 땔감용으로 모두 베어 갔기 때문이다. 그 결과 산은 나무 없는 민둥산이 되었고, 서울 시민들은 땔나무를 구하기가 더욱 힘들게 되었다. 그러자 서울 근교

▼농가 마루 밑에 쌓아 놓은 장작들은 밥을 짓고 방을 데우기 위한 땔나무이다.

에서 땔나무를 우마차에 싣고 와서 파는 장사가 번창하였다.
　그 후 석탄 산업의 발달로 무연탄이 보급되어 가정용 연료로 각광을 받기 시작했다. 무연탄이란 90년대 이전까지 가장 널리 사용했던 구공탄, 즉 연탄을 말하는 것이다.
　연탄은 여러 모로 편리했다. 우선 나무에 비해 여자들이 다루기에 편리했다. 장작 같은 나무는 도끼질을 하여 쪼개야 하는데, 여자들이 도끼질을 하기란 여간 힘든 것이 아니었기 때문이다.
　"여보, 우리도 아궁이를 고쳐 연탄을 때도록 합시다. 철수네도 연탄을 때는데 너무너무 편리하대요."
　"편리한 것은 잘 알지. 하지만 돈이 어디 있어서 연탄을 산단 말이오?"
　"알고 보면 연탄이 나무보다 더 싸다고들 해요."
　"그런가? 그렇다면 우리도 내일 당장 아궁이를 고치도록 하지."
　이렇게 하여 서울의 많은 가정에서 나무 대신 연탄으로 연료가 바뀌었다. 연탄을 연료로 사용하고 보니 나무를 땔 때와는 다르게 하루 종일 방이 따뜻했다. 게다가 나무를 땔 때보다 먼지도 덜 나고 다루기도 편리했다.
　연탄은 불이 붙어 있는 밑탄 위에 구멍을 잘 맞추어 새 탄을 그 위에 올려놓으면 하루 종일 불이 꺼지지 않았다. 방바닥을 따뜻하게 데울 뿐만 아니라, 밥과 찌개도 끓일 수 있었다.

그러나 연탄은 많은 사람들의 목숨을 앗아 갔다. 값이 싸고 사용하기에 편리한 장점이 있었지만, 연탄은 불이 타는 과정에서 '연탄가스'라는 무서운 독가스가 생겨났다.

연탄가스를 많이 마시면 호흡이 곤란해지고 구토를 하며 맥박이 느려져서 목숨을 잃었다. 그래서 연탄을 많이 피우는 겨울철이 되면 문 틈이나 방바닥에 갈라진 틈새로 스며든 연탄가스로 인해 많은 사람이 목숨을 잃었다. 신문에는 매일 연탄가스 중독으로 인한 사망 사고를 알리는 기사가 실렸다.

정부에서는 연탄가스가 발생하지 않는 연탄을 발명하는 사람에게 많은 상금을 주겠다고 신문에 크게 광고까지 냈다.

"좋다. 발명왕인 내가 연구를 해 보지."

"나도 그 동안 연탄가스에 대해 많은 연구를 해 왔어. 이 기회에 돈도 벌고 명예도 얻고……."

많은 사람들이 연탄가스 없는 연탄을 만들려고 연구에 연구를 거듭했다. 그러나 아무도 발명에 성공하지 못했다. 연탄불을 피워 놓고 연구를 하다가 목숨을 잃는 사람만 생겨났을 뿐이었다.

그 후 우리 나라에 도시가스가 많이 보급되었다. 이제 서울에는 연탄을 쓰는 집보다 도시가스를 쓰는 집이 더 많아졌다.

도시가스는 연탄보다 더욱 편리했다. 필요할 때 가스 밸브만 열면 언제든지 연료가 공급되어 음식을 요리할 수도, 방을 따뜻하게 할 수도 있는 것이다. 또 사용하지 않을 때에는 밸브를 잠가 두어 불필요하게 연료가 낭비되지 않으므로 연료비가 더욱 절약되었다.

"지금 우리가 이렇게 추운 겨울에도 따뜻하게 지낼 수 있는 것이 다 도시가스 덕분이야."

나는 연료의 발달 과정을 대충 설명하며 에너지의 고마움을 깨닫도록 했다.

"아빠, 그런데 옛날 사람들은 아무래도 머리가 좀 모자랐던 것 같아요."

갑자기 문희가 똥딴지 같은 소리를 했다. 나는 그 말이 무슨 뜻인지 알 수가 없었다.

▲ **연탄**: 무연탄을 주원료로 한 고체 연료로 생활 수준의 향상으로 지금은 소비량이 많이 줄었다.

"그게 무슨 뜻이냐?"
"무연탄을 사용할 것이 아니라 처음부터 도시가스를 사용했더라면 많은 사람들이 연탄가스로 숨지지 않았을 것 아니에요?"
"너야말로 머리가 모자라는 소리를 하는구나. 무연탄은 우리 나라에서 생산되지만 도시가스는 외국에서 수입하는 연료란다. 지금은 가스를 쓰는 게 싸게 먹히지만, 그 땐 연탄값이 훨씬 쌌어. 그래서 다들 연탄을 사용한 거지."
"참, 그렇구나. 우리 나라에는 가스가 나는 곳이 없지. 그런데 아빠, 석유나 도시가스가 너무 흔하다 보니까 마치 우리 나라에서 지하수가 나오듯이 펑펑 쏟아져 나오고 있는 것 같은 착각이 들어요."
"아무리 그래도 그렇지. 석유와 가스는 전부 외국에서 수입해 오는 것이야. 우리는 그 에너지 값으로 일 년에 수십 억 달러를 산유국에 바치고 있단다. 그러니 한 방울의 기름이라도 아껴야 하는 거야."
"아빠, 그런데 지금 우리 집은 에너지를 너무 낭비하고 있어요. 한겨울에 반소매를 입고 있어도 더울 지경이니······."
"정말 그렇구나. 지금이라도 보일러의 밸브를 잠가야겠다."
나는 얼른 자리에서 일어나 각 방에 설치되어 있는 보일러의 다이얼을 조정해 온도를 내렸다.

임금님은 어떻게 지내셨나?

나는 문희와 정인이를 데리고 창덕궁 입구에 도착했다. 커다란 대문에는 '돈화문'이라는 글씨가 크게 씌어져 있었다.

창덕궁은 경복궁이나 창경궁처럼 표를 샀다고 해서 마음대로 들어갈 수 있는 곳이 아니었다. 창덕궁은 조선 왕조의 궁궐 중 가장 잘 보존되어 있는 곳이기도 했고, 불과 몇 년 전까지만 해도 이 곳에 임금님을 모시던 상궁들이 살고 있던 곳이기도 했다.

"아빠, 왜 빨리 안 들어가요?"

정인이가 고궁 앞에서 들어가지 않고 서 있는 이유를 몰라 물었다.

"창덕궁은 세계적으로 아름답기로 이름난 궁궐이야. 그래서 함부로 공개하지 않고 정해진 시간에 직원의 안내를 받아 관람하게 되어 있단다."

"그럼 얼마나 더 기다려야 하나요?"

"이제 곧 들어갈 수 있을 거야. 그 동안 창덕궁에 얽힌 이야기를 해 줄게."

나는 입장 시간이 될 때까지 문희와 정인이에게 세계적인 궁궐 창덕궁에 대하여 도움이 될 만한 이야기를 들려주었다.

창덕궁은 경복궁의 동쪽에 위치해 있다고 해서 '동궐'이라 부르기도 했다. 조선 왕조 초기에는 태종 임금이 왕위에서 물러난 아버지 이성계를 모셨던 곳이기도 하다. 그리고 난 후 얼마 동안 창덕궁은 궁궐로서 큰 빛을 보지 못했다.

그 뒤 임진왜란으로 인해 경복궁이 불에 타 없어지자 광해군은 창덕궁에서 나라의 업무를 보기 시작했다. 창덕궁은 그 때부터 임금이 사는 궁궐이 된 것이었다.

광해군의 뒤를 이어 인조, 효종, 영조 임금뿐만 아니라 조선 왕조의 마지막 임금인 순종 등 많은 임금님이 창덕궁에서 나랏일을 보았다. 그러니까 고종 임금이 경복궁을 다시 짓기까지 창덕궁은 정궁 역할을 했으며, 조선의 궁궐 중 가장 오랜 기간 임금들이 거처했던 곳이다. 그러므로 조선의 임금님이 어떻게 지냈는가를 알아보려면 반드시 창덕궁을 보아야 한다.

한창 설명을 하고 있는데 입장 시간이 되었는지 돈화문이 열렸다. 그러자 관람객들이 안내원을 따라 안으로 들어갔.

아리따운 안내원이 관람객들을 위해 친절히 안내를 해 주었다. 덕분에 나는 궁궐의 이것저것을 두 아이에게 일일이 설명하지 않아도 되었다. 안내원이 알기 쉽게 잘 설명해 주었기 때문이다.

먼저 우리는 안내원을 따라 인정전을 구경했다. 이층 지붕으로 된 인정전은 창덕궁 안의 대표적인 건물이다.

인정전은 임금님이 외국 사신을 접견하거나 궁중의 큰 연회를 공식적으로 개최하는 곳이었다. 왕위 즉위식은 거의 이 곳에서 거행되었다. 이러한 행사 때에는 인정전 앞의 품계석에 맞춰 동쪽에는 문관이, 서쪽에는 무관이 중앙을 향해 줄지어 섰다.

조선의 궁궐 정전에는 공통적으로 정면에 임금님이 앉는 용상과 나무로 만든 가리개(일명 곡병)를 두고, 뒤에는 일월오악

▼인정전 : 창덕궁의 대표적인 건물로 임금님이 나랏일을 보거나 외국 사신을 접견하던 곳이다.

병을 둘렀다. 일월오악병에는 해, 달, 다섯 개의 산봉우리, 폭포, 파도, 소나무가 그려져 있다. 또, 천장에는 으레 봉황 한 쌍이 장식되어 있다.

인정전 옆에는 선정전이 있다. 이 곳은 임금님이 신하들을 접견하고 나랏일을 의논하던 곳이다. 임금님은 일월오악병을 배경으로 중앙에 앉고, 그 양 옆으로 문관과 무관이 자리잡으며, 한쪽에는 사관이 앉아서 국사에 대해 논의하는 것을 일일이 기록하였다. 사관들이 적은 기록은 '사초'라고 하며, 이를 토대로 실록을 편찬하였다.

선정전은 현재 궁궐에 남아 있는 건물 중 유일하게 청기와로 되어 있다. 관람객들은 선정전 한쪽 옆에 있는 어차고에서 고종 임금님과 순종 임금님이 타고 다녔던 어련과 벤츠 자동차를 구경했다.

"아빠, 고종 임금님이 탄 자동차와 비슷한 차를 영화에서 많이 봤어요. 그런데 실제로 보니 정말 오래됐나 봐요. 바퀴 모양이랑 생김새가 지금의 자동차와는 많이 차이가 나는 것 같아요."

문희가 말했다.

"물론이지. 저 차는 100년 전에 만들어진 자동차니까."

"아빠, 저 차가 없었을 때는 무엇을 타고 다녔나요?"

이번에는 정인이가 물었다.

"바로 저 옆에 있잖아. 어련 말야. 임금님이 타는 가마. 저걸 타고 다녔어."

우리들이 자동차에 넋이 나가 있는 동안, 안내원은 어느새 다음 코스에 가서 우리를 기다리고 있었다. 우리는 얼른 그 곳으로 달려갔다.

그 곳에서는 임금님의 침소와 요리를 하는 주방을 볼 수 있었다. 모든 궁궐이 다 그렇듯이 침소의 건물도 주춧돌(기둥 밑에 괴는 돌)을 제외하고는 전부 나무로 되어 있었다.

"안내원님, 질문이 있어요. 침소의 아궁이에 군불(방을 덥게 하기 위해서 때는 불)을 넣다 실수를 해서 불을 내면 어떡합니까?"

관람객 중에서 누군가가 질문을 던졌다. 그리고 보니 사방이 나무로 된 건물이어서 잘못하다가는 불이 날 위험이 언제나 도사리고 있었다.

그러자 안내원은 생글생글 웃으며 대답했다.

"그런 걱정은 하지 않아도 됩니다. 왜냐하면 궁궐 안에서는 언제나 숯을 사용하기 때문에 나무처럼 화력이 크게 퍼지지 않지요."

그제야 우리는 고개를 끄덕이며 다음 코스로 넘어갔다.

하지만 옛날의 궁궐은 자주 불이 나는 바람에 다시 짓는 등 많은 사람들의 애를 태웠다고 한다.

이번에는 궁궐 안에 사대부가(벼슬이나 문벌이 높은 집안)의 집이 있었다.

▲ 연경당 안으로 들어가는 수인문 : 연경당은 효명 세자가 사대부의 집을 모방해 지은 것이다.

"궁궐 속에 웬 양반집이 있어요?"
궁금증이 많은 관람객이 또 안내원에게 물었다.
"네, 좋은 질문을 하셨어요. 이것은 연경당이에요. 1828년에 왕세자였던 효명 세자가 사대부의 집을 모방하여 궁궐 안에 지은 것이에요. 임금의 자리는 언제나 외롭고 고독한 자리이지요. 그래서 한 번쯤 임금의 자리에서 벗어나 사대부가의 양반처럼 자유롭게 지내며 백성들의 생활을 체험해 보고 싶을 때가 있거든요. 그럴 때 임금님은 곤룡포(임금이 입던 비단으로 된 정복)를 벗고 이 곳에 오신답니다."
그 말을 듣자 정인이가 내게 질문했다.

▲ **연경당 안채** : 팔작지붕 형태로 매우 아담하고 단촐한 느낌을 준다.

"아빠, 임금님은 제일 높으신 분인데 왜 고독하고 외롭다고 해요?"

"그건 말이다. 나라의 모든 일을 자신이 결정해야 하기 때문이란다. 나랏일을 올바르게 결정하기란 정말 힘든 일이지. 정인이도 공부를 하다 보면 문득 공부를 하지 않아도 되는 곳에서 살았으면 하는 충동이 생기지 않니?"

"예, 그럴 때가 있어요."

"그것처럼 임금님도 사람이기 때문에 무거운 짐을 벗어 버리고 싶은 마음이 생기기도 하고 그런 거란다."

정인이는 이해가 되는지 고개를 끄덕였다.

조선 시대의 전형적인 120여 칸짜리 양반집은 안채와 사랑

채가 나란히 남향으로 있어 딴채처럼 보이지만 실은 한 채로 되어 있었다. 다른 건물들은 단청도 했지만 연경당은 단청도 없고 매우 단촐하고 아담한 것이 조선 시대 양반집의 형태를 잘 보여 주고 있었다.

어느새 우리는 비원 안에 들어서 있었다. 창덕궁에서 꼭 보아야 할 곳이 있는데, 바로 비원이다.

비원은 궁궐 안에 있는 동산이라는 뜻으로, 한때 창덕궁을 비원이라고 부른 적도 있었다. 비원의 경치가 그만큼 빼어난 탓도 있었지만, 일제 시대 때 일본인들에 의해 창덕궁을 낮추어 부르던 말이 고쳐지지 않고 그대로 내려온 때문이었다.

나는 비원을 향해 걸어가면서 서울 한복판에 이렇게 나무가

▼ **부용지와 부용정** : 인공 연못인 부용지에 8각 돌기둥을 세워서 지은 부용정이 있는 이 곳은 사계절 경치가 빼어난 곳으로 유명하다..

우거지고 경관이 아름다운 곳이 있다는 것을 처음 알게 되었다.

이 곳에는 희귀한 수목과 어정, 연못 등이 정자와 어우러져 아름다움의 극치를 이루고 있었다. 역대의 임금과 왕비들은 이 곳에서 여가를 즐기고 심신을 수양하고 학문을 닦곤 했다고 한다.

부용정은 1792년에 건립되었는데 열십(+)자 형을 기본으로 하여, 남쪽으로 양쪽에 한 칸씩 보태 다각을 이루고 있는 독특한 형태의 정자이다.

1795년 정조 임금은 아버지 사도 세자와 어머니 혜경궁의 환갑을 기념하여 화성에 다녀온 뒤 너무 기쁘고 즐거워서 부용정에서 규장각 신하들과 낚시를 즐겼다고 한다.

또, 아름다운 연못 부용지는 조선 궁궐의 대부분의 연못들과 마찬가지로 땅을 상징하는 네모난 연못 속에 하늘을 상징하는 둥근 섬을 만들었다. 그리고 연못 동남쪽 모퉁이 돌에는 물 위로 뛰어오르는 형상의 물고기 한 마리를 새겨 놓았다.

"아빠, 이건 뭐예요?"

비원을 구경하고 나오면서 정인이가 'ㄷ'자를 엎어 놓은 것 같은 돌문을 가리켰다. 그 때 안내원이 나 대신 얼른 대답을 했다.

"응, 이건 불로문이라는 거예요."

안내원은 불로문에 얽힌 이야기를 잠깐 들려주었다.

사람은 세월이 흘러 나이를 먹으면 늙게 마련이다. 임금님도 마찬가지다. 늙어가는 것을 막을 수 있는 방법은 어디에도 없다. 그러나 임금님은 오래 살고 싶어했다.

"여러분들 중에 오래 살 수 있는 비결을 아는 사람은 없소? 과인(임금이 자신을 낮추어 부르는 말)은 아무래도 오래 살기

▲ **부용정** : 임금이 과거에 급제한 이들에게 축하연을 베풀고 낚시를 즐기던 곳이다.

▲ **불로문** : 하나의 큰 돌을 ㄷ 자 형태로 깎아 세운 것으로 임금의 무병장수를 기원하기 위해 만든 것이다.

는 틀렸는가 보오. 하루하루 몸이 쇠잔해 가는 것을 피부로 느낄 정도이니…….”

"전하, 신들이 듣기 민망하옵니다. 사람의 목숨은 유한한 법이지만 소인들이 힘을 써서 불로장생하는 방법을 알아보겠나이다."

그 후 신하들은 나날이 늙고 쇠약해 가는 임금의 만수무강을 위하여 묘책을 찾기에 부심했다.

"옳지, 좋은 방법이 떠올랐습니다. 옛말에 불로문을 만들어 그 아래를 지나다니면 늙지 않는다는 말이 있습니다. 임금님을 위하여 불로문을 만듭시다."

"그것 참 좋은 생각이오."

이렇게 하여 만물 중에서 가장 닳지 않는다는 커다란 돌을 사용하여 석문을 만들었다고 한다.

"이 불로문을 한 번 지날 때마다 하루씩 젊어진다는 말이 있어요. 그러므로 이 곳을 지날 때마다 젊어진다는 생각을 가지면 오래오래 살 수 있다는 거예요. 그래서 임금님들은 자주 이 석문을 지나다녔다는 이야기가 전해 내려오고 있어요. 여러분도 젊어지고 싶으면 이 석문을 지나면서 젊고 싶다는 생각을 가지고 지나 오세요."

안내원이 그렇게 말하자 나이 드신 할머니들은 먼저 석문을 지나려고 야단이었다.

"천천히 차례대로 지나세요. 빨리 지나간다고 더 젊어지는 건 아니니까요."

안내원이 웃으면서 말했다.

그런데 초등 학교 1학년쯤 되어 보이는 한 아이는 석문을 지나지 않고 서 있었다.

"빨리 지나오세요."

안내원이 아이의 팔을 끌어당겼다. 그러자 아이는 금세 울 것 같은 표정을 지으며 안내원의 손을 뿌리쳤다.

"싫어, 싫어. 난 빨리 자라서 어른이 되고 싶단 말야! 그 문으로 지나가지 않을래!"

아이가 떼를 쓰는 바람에 주위에 있던 많은 사람들이 한바탕 웃음보를 터뜨렸다.

서당과 학교

"정인아, 학원에 가야지."
 아내가 말했다. 그러나 정인이는 엄마의 말은 들은 척도 않고 텔레비전 앞에서 넋을 놓고 있었다.
 "정인아, 학원에 갈 시간이야."
 "으으응, 이것만 보고 갈게."
 그러자 엄마는 주방에서 나와 텔레비전을 꺼 버렸다.
 "에이! 학교만 다니면 됐지, 누가 또 학원이란 걸 만들어 냈담."
 정인이는 투덜거리며 가방을 챙겨 학원으로 향했다.
 "텔레비전 때문에 큰일이야. 아이들이 공부할 생각은 않고 넋나간 듯이 텔레비전만 보고 있으니……."
 아내는 아이들의 공부가 걱정이 되는 모양이었다.
 나도 가만히 생각해 보니 아이들이 얼마나 공부를 하는지 살펴본 지가 오래되었다. 그래서 먼저 정인이의 책가방을 뒤적거려 몇 장의 시험지를 찾아냈다. 수학과 자연은 그런 대로 성적이 나왔는데 국어와 한자 쓰기가 절반이나 틀렸다.

정인이는 초등 학교 4학년이라 아직까지 성적에 크게 신경을 쓰지 않은 탓인지 문희에 비해 많이 떨어져 있는 편이었다. 성적이 모든 것을 좌우하지는 않지만, 정인이의 경우 좀 심한 편이라는 생각이 들었다.

나는 정인이가 공부에 취미를 붙이도록 생활 습관을 바꾸어 주어야겠다고 생각했다. 그러기 위해서는 먼저 텔레비전을 못 보게 해야 했다. 하루 종일 텔레비전 앞에 붙어 있다 보니 책을 잡는 것조차 싫어하게 된 것이다.

나는 흰 모조지에 다음과 같은 글귀를 썼다.

'우리 집에서는 아이들의 공부에 지장이 있어 당분간 텔레비전을 보지 않습니다.'

나는 글귀를 적은 종이를 텔레비전 화면 위에 테이프로 붙여 버렸다.

학원에 갔다 온 정인이가 깜짝 놀라는 표정을 지었다. 그러나 그 이유를 묻지 않았다. 그 녀석도 텔레비전이 공부에 방해가 된다고 생각하고 있었기 때문일까?

나는 저녁을 먹은 뒤 정인이와 문희를 불러 놓고 물었다.

"텔레비전을 못 보게 하는 것에 불만이 있는 사람?"

그러자 문희가 말했다.

▲**서당** : 갓을 쓴 훈장님의 지도로 아이들이 공부를 하고 있다.

"아빠, 만화 영화는 보게 해 주세요."

"안 돼. 텔레비전 앞에 앉으면 누구나 다 일어나기가 싫어. 너희들뿐만 아니라 어른도 마찬가지야. 나도 뉴스를 보고 싶지만 당분간 너희들과 함께 텔레비전을 보지 않겠다."

나의 결심을 눈치챘는지 두 아이는 더 이상 말이 없었다.

"옛날에는 너덧 살만 되면 서당에 다니면서 공부를 했어. 사람은 공부를 하면서 인생을 배우는 거야."

"……."

"옛날 어린이들은 지금보다 더 어려운 환경에서도 열심히 공부했어. 지금처럼 공책도 없고 연필도 없었어. 책이라고는 할아버지 때부터 물려받은 천자문 따위가 고작이었지."

"아빠, 연필도 공책도 없는데 어떻게 공부를 해요?"
정인이가 물었다.
"옛날의 공부 방법은 무조건 외우는 것이었어. '하늘 천, 땅 지, 검을 현, 누를 황' 하고 천자문을 처음부터 끝까지 줄줄 외어야 했지. 하루에 넉 자씩 배우고 외워서 약 250일 만에 천자문을 다 배우는 거야."
"그 다음에는요?"
"일단 천자문을 떼고 나면 책거리를 하지. 책거리는 천자문 한 권을 다 배웠다고 잔치를 하는 거야. 잔치라고 하니 거창하게 들릴지 모르지만, 그 동안 글을 가르쳐 주신 스승님께 감사하며 같이 배운 학우들에게 고맙다는 표시로 떡을 만들어서 나누어 먹는 거야."
"요즈음은 선생님이 케이크나 과자를 나누어 줘요. 전번에 학원에서 문제집을 다 풀었을 때 그렇게 했어요."
정인이가 말했다.
"응, 요즈음은 거꾸로 되었구나. 학생이 떡을 사 오는 것이 아니라 선생님이 케이크를 사 오니……."
"아빠, 우리도 전번 학기에 그런 적이 있어요. 아이들이 제각기 빵을 사 가지고 와서 선생님과 나누어 먹었어요."
문희도 기억난다는 듯이 말했다.
"응, 그것들이 다 옛날의 책거리 흉내를 내어 보는 거야."
나는 두 아이에게 옛날의 서당에 관해서 좀더 이야기를 해 주었다.

　옛날에는 아무나 공부를 하는 것이 아니었다. 사대부가나 양반의 자제라야 공부를 할 수 있었다.

　서당에 가서 천자문을 다 배우고 나면 〈동문선습〉, 〈명심보감〉, 〈논어〉, 〈대학〉 등을 배웠는데, 공부를 많이 한 사람은 과거를 치르고 벼슬을 하는 것이다. 그 때는 모두 훈장님 밑에서 한학(한문학)을 공부했다.

　조선에 오늘날과 같은 새로운 학문이 들어온 것은 1885년경이다. 1882년 한미 통상 조약이 체결되면서부터 미국 사람들이 조선에다 신식 학교를 세우기 시작한 것이다.

▲우리 나라의 근대 교육은 1885년에 아펜셀러가 설립한 배재 학당에서 시작되었다.

그들은 선교를 목적으로 들어와 교육 사업에 우선 몰두했다. 이들 가운데 미국인 선교사 아펜셀러와 스크랜튼이 두 명의 한국 학생을 대상으로 1883년에 처음 수업을 시작했는데, 이것이 근대 교육의 시초이다. 고종 임금님은 이 학교에 '배재학당'이라는 학교 이름을 내려주었다.

이 때의 학생들은 그야말로 나이가 들쑥날쑥 제멋대로였다. 나이 어린 학생이 있는가 하면 할아버지 학생도 있고, 부잣집 사람이 있는가 하면 거지도 있었다. 할아버지 학생은 긴 담뱃대를 허리춤에 차고 학교에 다녔다. 지금은 상상도 못할 우스꽝스런 풍경이었다.

결혼한 남학생들은 머리에 상투를 틀고 다녔다. 그러던 것이 1895년에 단발령(종래의 상투를 틀던 머리를 짧게 깎도록 임금님이 명령을 내림)이 내려졌다.

단발령이 내리자 많은 학생들이 '신체발부 수지부모'라 하며 항의 표시를 했다. 즉 신체의 모든 것은 부모로부터 물려받은 것으로, 머리를 자른다는 것은 자식으로서 부모의 신체를 손상시키는 것과 같으므로 절대로 할 수 없다고 강경하게 나섰던 것이다. 그러자 선생님들은 상투를 자르지 않는 학생들을 잡아다가 가위로 긴 머리채를 싹둑 잘라 버렸다.

"앗! 내 상투! 아이고, 내 상투! 아이고 어머님! 아이고 아버님! 이제 무슨 낯으로 아버님 어머님을 뵈옵니까, 아이고!"

상투를 잘린 학생은 잘린 상투를 움켜쥐고 이렇게 대성통곡

▲ 초창기의 소학교 : 긴 머리를 땋아 늘어뜨린 소년들의 모습과 망건을 쓴 선생님의 모습이 이채롭다.

을 했다고 한다.

신교육은 서당에서 가르치는 공부 방법과는 완전히 달랐다. 유치원에서는 여자 선생님이 무용과 색종이 접는 법을 가르치고 수수깡으로 안경을 만드는 법도 가르쳤다.

"어허, 여자가 어린아이들을 모아 놓고 저런 걸 공부라고 가르치다니……. 쯧쯧……, 자고로 암탉이 울면 집안이 망한다고 했거늘……. 쯧쯧."

노인들은 신학문과 여자 선생님을 탐탁치 않게 생각했다. 왜냐하면 조선 시대에는 남녀의 차별이 유난히 심했기 때문이다. 그래서 여자 아이는 글을 가르칠 필요가 없다고 생각했다.

조선 시대 대부분의 여자들은 성은 있지만 이름이 없었다.

▲ 창설 당시의 이화 학당 건물 : 왼쪽에 유년부 학생들이 옹기종기 모여 있다.

▲ 이화 학당을 설립한 스크랜튼 부인

 기껏 이름이라는 것이 '일월이', '이월이', '삼월이'였다. 일월달에 낳았다고 해서 일월이, 이월달에 낳았다고 해서 이월이, 이런 식이었다.

 그러므로 신식 학교에 딸을 공부시키려 보낼 리 만무했다. 선생님은 학생들을 모집하기 위해 집집마다 방문을 하여 사정사정했다.

 "댁의 자녀를 학교에 보내십시오. 여자들도 배우고 알아야 합니다."

 "여자가 배워서 뭘 해요? 누가 벼슬이라도 시켜 준답디까?"

 "벼슬만 중요한 것은 아닙니다. 사람은 모름지기 배워서 깨우쳐야 합니다."

선생님이 아무리 좋은 말로 설명을 해도 딸아이를 가진 부모들은 학교에 보내려고 하지 않았다.

8·15 해방이 되고 난 후에야 남녀의 차별이 없어졌고, 의무 교육도 실시되었다. 이전에는 공부를 하고 싶어도 돈이 없는 사람은 학교에 갈 수가 없었다. 그러나 이제는 공부를 해야 하는 것이 국민의 의무가 된 것이다. 우리 나라 사람이라면 누구나 다 교육을 받을 권리와 의무가 동시에 있는 것이다.

"알겠니, 정인아? 공부를 해야 하는 것은 너의 의무야. 공부

▼ **서울대학교 정문** : 서울 관악산 기슭에 있는 4년제 명문 국립 대학으로 뛰어난 수많은 인재들을 배출했다.

를 하지 않고는 살 수가 없는 거야."

 나는 정인이를 바라보면서 말했다. 정인이는 고개를 끄덕였다.

 "이제는 누구나 다 공부를 하는 사회이므로 이왕 할 바에는 잘 해야 좋지 않겠니?"

 "아빠, 이번 시험에 성적이 좋으면 텔레비전을 다시 보게 해 주시는 거죠?"

 정인이는 또 텔레비전 보는 일이 궁금한 모양이었다.

 "안 돼. 앞으로는 텔레비전 보는 시간을 정해 놓을 거야. 오후 6시에서 8시까지. 그 이상은 안 돼. 보고 싶은 텔레비전을 안 보는 것도 공부의 일종이니까. 이것이 모두 사랑하는 정인이를 위해서야. 아빠도 텔레비전을 마음껏 보고 싶어. 하지만 정인이가 보지 않는 만큼 아빠도 보지 않겠어."

 "알겠어요, 아빠. 열심히 공부하겠어요."

 "그래, 역시 정인이는 훌륭한 사람이 될 거야."

 나는 정인이를 꼬옥 안아 주었다.

서울의 거리 이름

"오늘은 재미있는 서울의 거리 이름에 대해서 이야기해 보기로 할까?"

나는 서울의 지리를 가르칠 겸 해서 커다란 서울의 지도를 펴놓고 정인이와 문희에게 말했다.

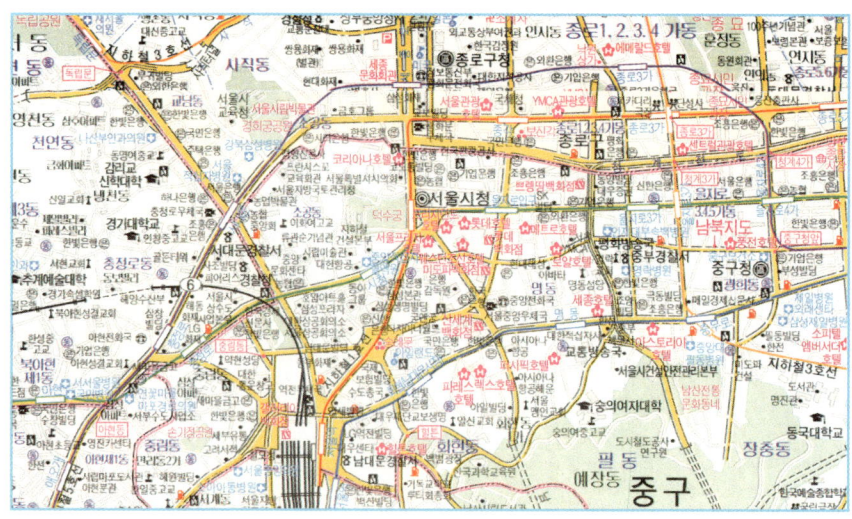
▲서울의 지도

"먼저, 종로는 어떻게 해서 종로라고 부르게 되었지?"
"종루가 있는 거리라고 해서 종로로 불린다고 했어요. 전번에 아빠가 말씀하셨잖아요."
문희가 말했다.
"음, 잘 기억하고 있구나. 그럼 을지로는?"
문희는 약간 생각에 잠기더니 고개를 갸웃거리며 말했다.
"을지문덕 장군이 살던 곳이었어요?"
"그런 식이라면 충무로는 이순신 장군이 태어난 곳이고, 세종로는 세종 대왕이 태어난 곳이어야 하겠군. 사실은 그렇지 않아. 을지로의 옛날 이름은 구리개였어. 한자로는 '구리 동'자에 '고개 현'자를 써서 동현이라고 썼지. 을지로의 길이 구리빛이 난다고 해서 구리개로 불렸지. 그 후 일제 시대에 접어들자 황금정이라고 불렀어. '정'이란 일본식의 거리

▲1920년대의 을지로 : 길 한쪽으로 전차가 다니고 상점들과 이층 건물들이 늘어서 있다.

이름인데 우리말로 하면 '~거리'라는 뜻이야. '을지로 1가' 할 때의 '가'가 바로 그 말이야."

8·15 해방이 되자 일본식으로 불리어졌던 거리 이름을 전부 우리 식으로 바꾸었다. 그 때 황금정 대신 훌륭한 우리의 조상인 고구려의 을지문덕 장군의 이름을 따서 을지로라고 부르게 된 것이다.

충무로도 마찬가지다. 충무로의 옛날 이름은 진고개였다.

일제 시대에는 많은 일본 사람들이 남산 주위에 몰려 살았다. 진고개는 남산 아래에 있기 때문에 자연 일본 사람들의 생활 무대가 되었고, 그래서 일본 사람들은 진고개를 혼마치라고 불렀다.

종로가 조선 상인들의 생활 터전이라면 혼마치는 일본 상인들의 삶터였다. 일본 사람들은 혼마치를 대대적으로 개발해, 서울에서 제일 가는 곳으로 만들려고 했다. 일본 사람들에게는 그 곳에 많은 일본 사람들이 살고 있고, 그들로서는 가장 유서 깊은 곳이었기 때문이다.

해방이 되어 이 거리의 이름을 다시 지을 때 누군가가 이렇게 말했다.

"여긴 충무로라는 말이 가장 잘 어울립니다. 임진왜란 때 이 땅에서 왜적을 물리치는 데 가장 큰 공을 세운 충무공의 이름을 따는 것이 어떻겠습니까?"

두말 할 필요가 없었다. 그리하여 혼마치는 충무로라고 불리

▲ 남산에서 바라본 1930년대 충무로의 모습

게 되었다.

또 동작구 노량진동에 장승백이라는 재미있는 동네 이름이 있다. 어떻게 하여 그런 이름이 붙여졌는지 살펴보자.

조선 시대 정조 임금이 있었다. 그의 아버지는 영조 임금의 아들인 사도 세자였다. 사도 세자는 아버지 영조에 의해 뒤주 속에 갇혀 비통하게 죽었다.

정조는 죽은 아버지를 한시도 잊지 못했다. 그는 임금이 되자 양주에 있던 아버지의 묘를 수원 근교의 현륭원으로 옮기고 시간이 날 때마다 그 곳을 찾아가곤 했다.

그 당시 현륭원으로 가는 길은 무척 험했다. 특히 지금의 장승백이 일대는 울창한 나무 숲으로 덮여 있어 낮에도 호랑이가 나타날 것 같았다.

"이쯤에서 쉬었다 가지."

정조 임금은 어가에서 내려 사방을 둘러보았다. 아름드리 나무가 우거진 것이 적적하기 이를 데 없었다. 사방이 으스스하고 기분이 상당히 좋지 않았다.

"백성들이 이 곳을 지나려면 무척 겁이 나겠구나. 당장이라도 무서운 맹수가 뛰어나올 것만 같으니……."

정조는 가까이 있는 신하에게 말했다.

"그러하옵니다, 전하. 이 곳은 인가도 없고 지나다니는 사람도 드물어 한적하기가 이를 데 없는 곳이옵니다."

"그렇다면 이 곳에 장승을 만들어 세우도록 하시오. 하나는 천하대장군, 다른 하나는 지하여장군으로."

정조 임금의 명이 떨어지자 얼마 후 한 쌍의 장승(마을 또는 절 입구에 사람의 얼굴 모양을 새긴 기둥)이 서게 되었다.

그 후 이 곳을 지나다니는 사람도 늘게 되었고 차츰 마을이 형성되어 갔다. 그 때부터 이 마을을 가리켜 장승백이라고 부르게 되었다.

서울에는 이런 전설을 간직한 동네가 일일이 다 이야기할 수 없을 정도로 많이 있다.

나는 이번에는 강남의 압구정동 이야기로 옮겨 갔다.

"조선의 세조 임금은 조카인 단종을 왕위에서 쫓아내고 임금이 된 분이야. 그 때 세조 임금의 신하 중 한명회라는 사람이

▲ 망원정 : 효령 대군이 한강변의 경치가 아름다워 정자를 짓고 '망원정'이라 이름붙였다고 한다.

있었어. 한명회는 세조가 임금의 자리에 오르는 데에 많은 공을 세운 사람이었지. 그가 휴식과 풍류를 얻기 위해 경치 좋은 한강변에 정자를 지었는데, 정자의 이름이 압구정이었단다. 그 후 그 곳 동네 이름이 압구정동이 된 거지."

정자의 이름을 본딴 동네로는 망원동도 있다.

세종 대왕의 둘째 형인 효령 대군은 어느 날 마포의 한강변을 둘러본 후 경관이 좋은 곳에 정자를 지었다.

그 곳에는 밤섬과 여의도가 한눈에 들어오고 각종 새들이 날아와 한가롭게 물 위에서 놀고 있었다.

"정말 아름답고 평화스러운 곳이오. 이 정자 덕분에 한 폭의 그림 같은 풍경을 바라보며 시를 읊을 수 있으니 얼마나 좋아요. 이 정자의 이름을 망원정이라 하면 어떻겠소?"

효령 대군은 스스로 망원정이란 이름을 붙이고 흡족해했다. 세종 대왕도 이따금 망원정에 들러 유유히 흐르는 한강을 바라보며 나랏일에 지친 머리를 식혔다고 한다.

그 후부터 이 동네의 이름을 망원동이라 불렀다.

또 서울의 동네 이름 중에는 '능(릉)'이 들어가는 곳이 많다. 태릉, 정릉, 선릉, 홍릉 등 모두 조선 시대 왕족들의 능이다.

능이 처음 들어섰을 때는 아무도 살지 않았으나, 세월이 흐르면서 사람들이 하나 둘 모여 부락을 이루게 된 것이다.

"여보게, 이 서방. 자네 어느 동네에 사나?"

"예, 저는 저 윗동네에 삽니다만. 엊그제 이사 와서 아직 동네 이름을 잘 모릅니다요."

"그래? 저 윗동네라면 정릉이 있는 곳 아냐? 집이 몇 채 없어 쓸쓸하지?"

"예, 그렇습니다요."

"아직 동네 이름도 없지 아마……. 오라, 정릉이 있는 동네이니까 '정릉'이라 부르면 되겠구나."

이런 식으로 동네 이름이 붙여졌다.

우이동은 동네의 산봉우리가 소의 귀같이 생겼다 하여 '소 우(牛)'자와 '귀 이(耳)'자를 따서 우이동이 되었다.

말죽거리는 임금이 말 위에서 콩죽을 먹었던 곳이라고 해서 말죽거리로 불려지게 되었다.

왕십리는 도선 대사가 무학 대사에게 '여기서 십 리만 더 가면 명당인 도성의 자리가 나온다'고 해서 붙여진 이름이다.

경복궁의 동쪽에 국무 총리 공관이 있다. 그 곳은 옛날부터 경관이 좋아 산청, 수청, 인청이라고 하여 '삼청'이라고 불렀

▲1925년 무렵의 마포 나루 : 인천에서 각종 해산물을 싣고 온 범선들이 닻을 내리고 있다.

다. 산과 물이 맑고 깨끗하여 사람도 깨끗해진다는 뜻으로 삼청동이 된 것이다.

마포는 지명에 '삼(뽕나무과의 한해살이 풀)이 많이 나는 포구'라는 뜻이 담겨 있다.

서울 시청 건너편에 소공동이라는 곳은 조선의 태종 임금의 둘째 딸 경정 공주가 결혼하여 살던 곳이다. 소공동을 풀이하면 '작은 공주가 사는 곳'이라는 뜻이다.

그 외의 동네 이름에도 600년의 세월이 흐르는 동안 흥미로운 전설과 유래를 간직한 곳이 많으나 이만 줄이겠다.

서울의 장사꾼

"아빠, 오늘 백화점에 간다고 하셨죠? 빨리 가요, 네?"

일요일이라 모처럼 쉴 생각이었는데 정인이의 성화가 여간 아니었다. 지난 주에 봄옷을 사러 백화점에 가야겠다고 한 말을 잊지 않고 있었던 모양이다.

"알았다. 모두들 준비하고 나와."

"네."

두 아이는 좋아라 하고 외출 준비를 했다.

아이들은 백화점 가는 것을 무척 좋아한다. 백화점에는 온갖 물건들을 공짜로 구경하는 재미도 있지만, 부모가 무언가를 사 줄 거라는 기대감이 자리하고 있기 때문이다.

아파트 밀집 지역인 우리 동네에서는 백화점이 동네 시장 역할을 하고 있었다. 우리는 바겐세일을 하거나 싼 물건이 있을 때면 백화점을 이용했다.

나는 백화점으로 가는 차 안에서 조선 시대의 시장 이야기를 들려주었다.

지금은 돈을 벌기 위해 누구나 다 장사를 하고 있지만 조선 시대에는 그렇지 않았다.

조선 시대에는 사람과 직업에 신분의 차이가 있었다. 양반이 제일 가는 계급이고, 그 다음으로 농사를 짓는 사람, 공업에 종사하는 사람, 장사를 하는 사람 순이었다. 장사를 하는 사람은 상놈으로 취급되어 항상 멸시를 당했다.

그러나 갑오경장(고종 31년에 개화당이 집권하여 구식 제도를 서양식으로 바꾼 일) 이후 신분 사회가 철폐되어 많은 사람들이 장사로 생업을 꾸려가게 되었다.

▲1934년 무렵의 짚신가게 : 갓을 쓴 노인이 짚신가게 앞에서 물건을 고르고 있다.

▲1920년대 잡화를 지고 다니며 팔던 행상의 모습

농사지을 땅도 없고 특별한 기술도 없는 사람은 장사를 할 수밖에 없었던 것이다.

서울에는 많은 장사꾼들이 몰려들었다. 예나 지금이나 장사는 사람이 많이 들끓는 곳이라야 잘 되게 마련이다.

장사꾼들은 대부분 물건을 지게에 지고 골목골목을 다니면서 소리쳤다.

"생선 사려~."

"소반(음식을 차려놓고 먹는 작은 상) 사려~."

"울릉도 호박엿 사려~."

특히, 엿장수는 커다란 가위로 철컥철컥 소리를 내며 단것을 먹고 싶어하는 아이들의 귀를 쫑긋하게 만들고 입에 군침이 돌게 했다. 지금처럼 과자나 초콜릿 따위는 구경하기도 힘들었고, 박하사탕이나 튀밥 같은 것을 파는 곳이 있었지만 아이들에겐 그림의 떡이었다. 돈이 없었기 때문이다.

그러나 골목길을 지나다니는 엿장수

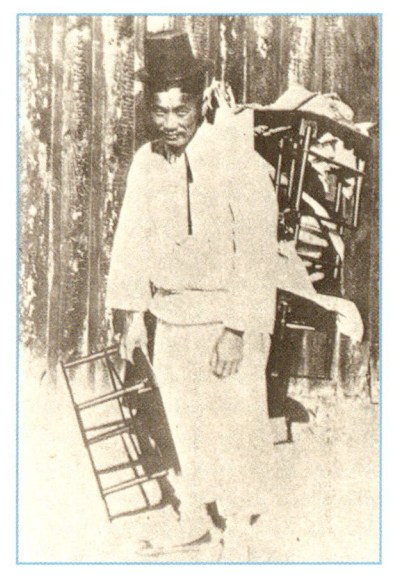
▲1920년대의 소반 장수

는 못 신는 고무신, 고철 조각, 놋숟가락 등을 가져가면 엿으로 바꾸어 주었다.

어떤 아이는 하도 엿이 먹고 싶어 부엌에 있는 놋숟가락을 몽땅 들고 나가 엿과 바꿔 먹는 일까지 있었다. 또 어떤 아이는 똑같은 놋숟가락을 들고 나왔는데 다른 아이보다 엿을 적게 주자 엿장수에게 항의하기도 했다.

"아저씨, 고물을 똑같이 가져왔는데, 왜 저 아인 많이 주고 나는 조금만 줘요?"

"그건 엿장수 마음대로지. 엿장수가 주고 싶은 대로 주는 거야. 그럼 너도 한 가락 더 주지."

▲1934년 무렵 목판에 엿을 들고 다니며 팔던 엿장수

그러면서 엿장수는 기분 좋게 엿을 한 가락 더 주었다.

그 후 아이들은 엿을 똑같이 잘라 주는데도 다른 아이 것이 많다고 우겼다. 그러면 엿장수는,

"엣다, 엿장수 마음대로니까."

하고 인심 좋게 엿을 덤으로 더 주었다. 그래서 '엿장수 마음대로' 라는 말이 생겨난 것이다.

세월이 흐를수록 장사꾼의 숫자가 늘어났다. 그러자 장사꾼 끼리의 경쟁도 심해졌다. 그들은 물건을 팔기 위해 기발한 아이디어를 만들어 내지 않으면 안 되었다.

어떤 화장품 장수는 골목을 누비면서 아코디언을 멋드러지게 연주했다. 귀에 익은 유행가 가락이 근사하게 들리기 시작하면, 서양 악기가 내는 소리를 많이 들어 보지 못한 동네 아이들과 부녀자들은 어디서 나는 소리인가 궁금해서 대문 밖을 나와 본다.

"왔어요, 왔어요. 동동구리무 장수가 왔어요. 피부가 거칠고 손발이 튼데, 또 이뻐지고 싶은 처녀들은 이걸 발라 봐요. 피부가 몰라보게 좋아집니다."

동동구리무 장수였다. 구리무란 화장품의 일종인데, 지금의 로션과 비슷하다.

동동구리무 장수는 처음에 작은북을 허리에 차고 북채로 북을 치며 길을 걸어간다. 그렇게 하여 구리무장수가 온 것을 알리는 것이다. 그 때 북채로 북을 칠 때 '동동' 하는 맑은 소리가 났는데, 그래서 동동구리무 장수라고 부르게 되었다.

옛날의 장사꾼 중에서 재미있는 볼 거리를 가장 많이 주는 사람이 약장수였다. 약장수는 사람들이 많이 모여들게 하기 위해 길거리의 공터에서 노래를 부르기도 하고 마술을 하는 사람을 데려와 마술 구경을 시켜 주기도 했다.

어른들이나 아이들은 넋을 잃고 그것을 구경하다 만병 통치

약이라고 선전하는 약장수의 약을 사 가는 것이다. 그렇게 하여 돈을 번 약장수는 이번에는 가설 극장(임시로 천막을 쳐서 무대와 관중석을 만들어 구경할 수 있게 만든 곳)을 지어 손님들을 모았다.

▲무형 문화재 제135호인 동동구리무 기능 보유자인 신현종 선생이 인사동에서 동동구리무 공연을 펼치고 있다.

"얘, 오늘 저녁 마을 공터에서 약장수들이 연극을 보여 준댔다. 공짜래."

"그래? 그럼 나도 설거지를 일찍 끝내 놓고 가야겠다."

저녁이 되면 약장수의 가설 극장은 초만원이었다. 가마니를 깔고 앉은 사람보다 서서 구경하는 사람이 더 많았다. 공짜 구경이라는 말에 어른 아이 할 것 없이 구경을 나온 때문이다.

약장수가 보여 주는 연극은 정말 재미있었다. 그 당시 연극이 무엇인지도 잘 모르던 사람들은 무조건 좋아했다.

"어쩌면 연기를 저렇게 잘 할꼬? 꼭 진짜 같구먼."

"어머, 저 권총 진짜 아냐? 어머어머, 진짜 피를 흘리며 죽네. 저러다가 진짜 사람 죽는 거 아냐?"

구경꾼들은 연극을 보며 흥분하기 시작했다.

약장수는 연극의 막간을 이용하여 약을 선전하며 팔았다. 사람들은 약의 효능과는 상관없이 약을 사 주었다. 공짜로 구경만 하고 돌아올 수가 없었기 때문이다.

지금은 동네마다 약국이 있고, 또 필요한 물건들은 가게에 가면 얼마든지 구할 수 있다. 그러나 옛날에는 약국은커녕 가게도 구경하기 힘들었다. 생활에 필요한 물건을 구하려면 장에 가야 했다.

장은 5일마다 한 번씩 큰 마을의 공터에서 열렸다. 그 때는 각지에서 온갖 장사꾼이 다 모여들었다.

아이들에겐 엄마나 아빠를 따라 장에 구경가는 것이 가장 즐

▲ 경기도 성남의 모란 시장은 지금도 5일장이 서서 옛 정취를 느끼게 한다.

거운 일이었다. 그 곳에서는 온갖 희한한 물건들을 다 구경할 수 있었고, 군것질할 것도 많았기 때문이다.

　아이들이 가장 좋아했던 것은 뭐니뭐니 해도 고무신과 먹을 것들이었다.

　"아빠, 나 고무신 하나 사 줘요. 철수도 사 신고 민수도 신었단 말예요. 나 혼자 짚신을 신고 다닌단 말예요."

　"알았다, 알았어. 다음 장이 서면 누렁이를 팔아서 네 신발을 사 주마."

　옛날에는 짚신을 신고 다녔기 때문에 비가 오거나 축축한 땅에서는 마음대로 걸을 수가 없었다. 또 항상 먹을 것이 부족하여 뱃속이 비어 있었다. 그렇지만 장에 가면 어른들은 먹고 싶어하는 자식들이 안쓰러워 꼬깃꼬깃 깊숙이 넣어 둔 몇푼 안 되는 돈을 꺼내 맛있는 것을 사 주었다. 그렇게 해서 얻어 먹는 것이 아이들에게는 또 얼마나 맛이 있던지 손가락까지 쪽쪽 빨아먹을 지경이었다.

　우리는 백화점에 도착하자 정인이와 문희의 봄옷을 산 다음 지하 식품부로 내려갔다. 왁자지껄한 사람들 소리와 함께 맛있는 음식 냄새가 코를 찔렀다.

▼백화점은 각종 다양한 물건을 부문별로 진열해 놓고 파는 현대식 종합 소매점이다.

▲ 백화점 건강 식품 코너

"아빠, 피자 하나 먹고 가요."
문희가 내 팔을 잡아당겼다. 그러자 정인이도 가만 있지 않았다.
"아빠, 아이스크림하고 통닭 사 주세요."
"아냐. 아빠, 피자를 먹어요. 얼마나 맛있다구요."
"나는 피자 안 먹을래. 아빠, 통닭하고 아이스크림……."
"그래 알았다."
나는 그 날 아이들에게 큰 선심을 베풀었다.

남녀 칠세 부동석

"문희야, 너 '남녀 칠세 부동석'이란 말을 들어 보았니?"
저녁을 먹고 나서 나는 문희에게 물었다.
"예, 알고 있어요. 남자와 여자가 일곱 살이 넘으면 자리를 같이 해서는 안 된다는 뜻이에요."
"음, 알고는 있었구나. 그럼 왜 그런 말이 생겼는지 아니?"
"잘은 모르겠는데요. 조선 시대 때부터 그런 말이 나온 것 같아요."
"대충은 알고 있구나. 조선 시대에는 유교를 숭상하였기 때문에 남녀의 구분을 엄격히 따졌지. 다시 말하자면 남자와 여자는 해야 할 일이 각각 따로 있어. 그래서 남녀가 일곱 살이 되면 자리를 따로 해야 한다는 것이야."
그러면서 나는 남녀 칠세 부동석에 얽힌 이야기를 해 주었다.

어렸을 때는 남자 아이, 여자 아이가 소꿉친구로 같이 놀던 사이일지라도 일곱 살이 넘으면 함께 놀 수가 없었다. 그랬다가는 어른들께 꾸중을 듣는가 하면 또래의 아이들이 놀려 댔기 때문이다.

"우우우……. 삼돌이는 갑순이랑 같이 논대요. 같이 논대요."

"네 이놈! 남녀 칠세 부동석이란 말을 모르느냐? 이제부터 옆집 순이랑은 같이 놀면 안 되느니라."

이런 식이었다.

남녀 칠세 부동석은 아이들에게만 적용되는 것이 아니었다. 어른들에게도 마찬가지였다.

옛날에는 친구 집을 방문해도 친구가 없으면 함부로 집 안에 들어가지 않았다. 왜냐하면 집 안에는 친구의 부인이 혼자 있기 때문이다. 친구의 부인은 당연히 여자이기 때문에 남녀가 나란히 서서 이야기를 주고받으면 실례가 되었다. 지금 생각하면 코미디 같은 광경이지만 옛날에는 종종 이런 일이 있었다.

그 모습을 여기에 담는다면 다음과 같다.

"이리 오너라!"

하고 집을 찾아온 손님이 문 밖에서 소리쳤다. 그런데 마침 집 안에는 남자가 없고 여자 혼자뿐이었다.

"어디서 오셨느냐고 여쭈어라!"

여자는 집 안에서 밖을 내다보지도 않고 이렇게 말했다.
"용인에서 왔다고 여쭈어라!"
바깥의 손님은 여자의 목소리가 흘러나오자 더 이상 발걸음을 집 안으로 들이지 않았다. 대신 대문 밖에서 여자에게 들릴 만큼 큰 소리로 답변을 하는 것이었다.
"용인의 어느 댁에서 오셨는지 여쭈어라."
다시 집 안에서 여자 목소리가 들렸다.
"용인의 박 서방이 왔다고 전하여라!"
"지금 주인 어른은 출타하시고 안 계신다고 여쭈어라."
"그럼 언제쯤 돌아오시느냐고 여쭈어라."
"저녁 무렵이면 돌아오신다고 여쭈어라."
"할 수 없군. 그럼 내일 아침 다시 찾아뵙겠다고 여쭈어라."
"그럼 안녕히 가시라고 여쭈어라."
결국 용인의 박 서방은 대문 앞에서 친구 부인과 간접적인 대화를 하고 돌아왔다. 지금 생각하면 얼마나 답답한 얘기인가.
또 처녀 총각을 결혼시킬 때도 이와 비슷한 일이 벌어졌다.
조선 시대에는 연애 결혼이란 생각할 수도 없었다. 부모님이 짝지어 주는 대로 결혼을 해야 했다. 그도 그럴 것이 남녀 칠세 부동석인데, 남녀가 어떻게 서로 만날 수 있었겠는가.
만약 여러 가지 이유가 있어서 부모가 짝을 지어 주지 못할 때는 중매쟁이가 등장했다. 중매쟁이 노릇은 주로 같은 동네의 할머니나 방물장수(여자가 쓰는 화장품, 바느질 기구, 패물 따위의 물건을 가지고 팔러 다니는 장사꾼)가 맡아했다.

"여보게, 방물장수 할멈. 우리 아들을 장가보내려고 하는데 어디 좋은 색시감 없수?"

장가를 보내야 할 아들을 가진 어머니는 방물장수가 오면 반드시 이렇게 묻곤 했다.

"가만 있자. 내가 지금 아랫마을을 거쳐 이리로 오는데 대추나무집 김 서방네 딸 삼월이도 시집을 보내려고 나한테 그런 부탁을 하더구만. 그 집은 농사가 많아 풍족하게 살지. 어때요, 삼월이가?"

▲ 전통 혼례 : 신랑 신부가 초례청에서 처음으로 상대방에게 절을 하고 합근례를 하고 있다.

▲요즘 어린이들은 남녀 모두 평등하게 학교에 다니며 자유롭게 교육을 받는다.

　방물장수는 많은 동네를 돌아다니기 때문에 그런 정보를 많이 가지고 있었다.
　"글쎄, 삼월이는 잘 모르겠는걸요."
　"그럼 날을 잡아 봐요. 내가 양가 부모들을 만나게 다리를 놓아 볼 테니까 말야."
　이렇게 하여 정작 결혼할 당사자는 제외된 채 양가 부모들끼리 만나서 이야기를 나누어 보고 마음에 들면 결혼을 약속해

버리는 것이 보통이었다.

　요즈음은 아무도 이런 식으로 자식을 결혼시키지 않을 것이다. 하지만 갑오경장 이전까지만 해도 우리 조상들은 이런 식으로 결혼을 했다.

　갑오경장 이후 남녀 칠세 부동석이란 구속은 사라졌지만 500년 동안 이어 내려오던 관습이 하루 아침에 바뀌어지지는 않았다. 지금도 연세가 많이 드신 어른들 중에는 젊은 남자와 여자가 자리를 같이하면 호통을 치는 것을 이따금 볼 수 있다.

　"아빠, 만약 옛날에 지하철이나 버스가 있었다면 남자와 여자가 타는 칸이 따로 있어야 했겠네요?"

문희가 이야기를 다 듣고 나더니 한 마디 했다.

"그렇지. 하지만 요즈음은 남녀 칠세 부동석이 아니라 남녀 칠세 지남철이야. 유치원에서부터 남자와 여자를 짝으로 만들어 주거든."

"옛날 할아버지들이 본다면 난리가 났을 거예요. 하하하."

　문희와 나는 '남녀 칠세 지남철'이란 말 때문에 다시 한번 크게 웃었다.

가련한 덕혜 옹주

　덕혜 옹주는 고종 임금의 고명딸이다. 왕비의 몸에서 낳은 딸은 '공주'라고 불렀지만, 둘째 부인이나 궁녀가 낳은 딸은 '옹주'라고 불렀다.
　"덕혜야, 네가 태어난 것을 이 나라 온 백성과 신하들이 축하해 주어야 하거늘, 일본에게 나라를 빼앗겨 백성들이 신음하고 있는지라 잔치도 못하겠구나. 불쌍한 우리 덕혜 옹주."
　고종 임금은 갓난아기를 품에 안고 말했다.
　조선 시대에는 남존여비 사상 때문에 딸을 낳으면 족보에도 올리지 않았다. 그러나 왕가에서 태어난 공주나 옹주는 그렇지 않았다. 그의 아버지가 임금인 관계로 태어나면 곧바로 '아기씨'라는 호칭이 따르게 되었다.
　덕혜 옹주는 무럭무럭 자랐다. 고종 임금은 덕혜 옹주가 자라면서 재롱을 떠는 것을 보며 나라 잃은 시름을 잠시나마 잊

▲ 조선조 이왕가 일가 : 왼쪽부터 황태자 영친왕, 순종, 고종, 순종비, 덕혜 옹주 (1915년경)

곤 했다.

"덕혜 옹주야, 네가 태어나지 않았더라면 과인은 늘그막에 무슨 낙으로 여생을 보냈을꼬?"

고종 임금은 덕혜 옹주를 위하여 덕수궁에다 왕실 유치원을 만들었다. 그리고 시간이 날 때마다 왕실 유치원에 들러 덕혜 옹주가 유희하는 것을 보며 좋아했다.

그러나 그런 행복도 오래 가지 않았다. 덕혜 옹주가 열 살이 넘으면 일본에 볼모로 끌려갈 것이기 때문이었다. 고종 임금의 셋째 아들 영친왕도 열한 살 때 일본에 볼모로 끌려가서 보고 싶어도 볼 수가 없는 형편이었다.

고종 임금은 볼모로 일본에 가 있는 영친왕을 생각하면 마음이 아팠다.

"덕혜 옹주야, 너마저 일본에 보낼 수는 없다. 과인이 무슨 수를 써서라도 내 곁에 있도록 해 주마."

고종 임금은 한 가지 꾀를 생각해 냈다. 덕혜 옹주를 조선 사람과 혼인시키는 것이었다. 그러면 머나먼 일본 땅까지 끌려가지 않을 것이기 때문이었다.

고종 임금은 비밀리에 한 신하를 시켜 덕혜 옹주의 신랑감을 골라 보도록 밀명을 내렸다. 그러나 이 사실을 일본 관리들이 눈치챘다.

"조선의 고종 임금은 무슨 일을 저지를지 모르는 인물이오. 나라를 찾겠다고 외국에 몰래 밀사를 보낸 적도 있지 않소? 게다가 지금은 볼모로 보내야 하는 덕혜 옹주를 조선 남자에게 시집보낼 궁리를 하고 있으니 앞으로 또 어떤 일을 꾸밀지 몰라요."

"이번 기회에 고종을 없앨 계획을 세워 봅시다."

"그건 식은 죽 먹기요. 이젠 모든 것이 우리 일본인의 손에 들어왔는데 무엇을 못하겠소."

일본 사람들은 비밀리에 고종 임금을 없애기 위해 치밀한 계획을 세웠다. 왕실의 부엌에서 일하는 나인(궁궐에서 일하는 사람들의 총칭)을 협박하여 고종 임금이 마시는 식혜에다 독을 넣게 했다. 1919년, 아무것도 모르는 고종 임금은 독이 든 식혜를 먹고 승하했다.

아버지를 잃은 덕혜 옹주는 결국 열두 살이 되던 해에 일본으로 끌려갔다. 어머니와도 생이별을 하게 된 것이다.
 덕혜 옹주는 조선을 떠나기 전 얼마나 울었는지 날마다 눈이 퉁퉁 부어 있을 정도였다.
 "옹주 마마, 너무 우시면 건강에도 안 좋습니다. 이럴수록 용기를 잃지 말아야죠."
 어머니 양 씨는 덕혜 옹주의 뺨에 흐르는 눈물을 닦아 주며 위로했다. 한창 감수성이 예민한 나이에 아버지를 잃고 조국을 떠나 이국 땅에 볼모로 끌려간다는 것은 어린 옹주로서는 견디기 힘든 형벌이었다.
 "아바마마, 소녀 무슨 죄가 이렇게 많아 날마다 눈물로 살아야 하나요?"
 상심에 젖은 덕혜 옹주는 현해탄을 건너면서부터 말을 하지 않았다. 눈을 내리깔고 항상 우울하게 지냈다. 어린 덕혜 옹주의 가슴에는 슬픔만이 가득 차 있었다.
 덕혜 옹주가 일본에 온 지 5년 만에 생모인 양 씨가 병마와 씨름하다 쓸쓸히 세상을 떠났다. 어머니의 장례식에 다녀온 덕혜 옹주는 더욱 우울증이 심해져 급기야 병원에 입원할 정도였다.
 일본 관리들이 덕혜 옹주 문제로 회의를 열었다.
 "옹주의 병세가 보통 심한 것이 아닙니다. 낮에는 밥 한 술 입에 대지 않고 밤에는 몽유병 환자처럼 정신 없이 거리를 헤매고 있습니다."

"저러다가 죽기라도 한다면 조선에서는 우리가 죽였다고 소동을 피울 것입니다. 대책이 있어야 하겠습니다."

"옹주를 빨리 결혼시키는 게 어떻겠습니까? 그러면 우리도 옹주를 위해 좋은 일을 하고 있다는 것을 보여 주는 게 아닐까요?"

여러 가지 의견이 나왔다.

일본 관리들은 덕혜 옹주의 병세가 약간 나아지자 일본의 대마도주 아들과 결혼을 시켰다. 덕혜 옹주는 자신과 한 마디 의논도 없이 결혼 상대자와 날짜를 정했다는 소리를 듣고 또 한 번 눈이 붓도록 눈물을 흘렸다.

"아바마마, 아바마마를 돌아가시게 하고 우리 나라를 강제로 빼앗은 적국 사람과 결혼을 해야 하는 운명에 놓였습니다. 어찌하면 좋을까요, 아바마마. 소녀에겐 아무 힘도 없어 눈물밖에 나오지 않습니다. 흐흐흑……."

덕혜 옹주는 어쩔 수 없이 대마도주의 아들과 결혼했다. 그러나 사랑이 없는 정략 결혼이 오래 갈 수는 없었다. 딸을 하나 낳고 둘은 이혼하기에 이르렀다.

그 후 덕혜 옹주의 유일한 혈육인 딸 정혜는 세상을 비관하여 현해탄에 몸을 던졌다. 그 소식이 전해진 후 덕혜 옹주의 정신병은 더욱 악화되었다. 덕혜 옹주는 이국 땅에서 완전히 외톨이가 되어 버린 것이다.

8 · 15 해방이 되자 덕혜 옹주는 조국으로 돌아오고 싶어했

다. 그러나 그것도 뜻대로 되지 않았다. 이승만 정부에서 한국에 오는 것을 싫어했기 때문이다.

"조국을 빼앗겨서 여지껏 일본에서 감옥 아닌 감옥 생활을 하고 있는데, 조국이 광복된 지금 왜 나의 조국에 못 가는 거죠?"

덕혜 옹주는 쉽게 이해가 되지 않았다.

제3공화국이 들어서자 비로소 덕혜 옹주는 그리던 고국 땅을 밟게 되었다. 이 소식을 듣고 누구보다도 기뻐한 사람은 어릴 때 덕혜 옹주에게 젖을 먹혀 키운 유모 변 씨였다.

"옹주 마마, 저를 알아보시겠습니까? 옹주 마마의 유모입니다요."

유모 변 씨는 공항에서 덕혜 옹주를 보자마자 달려가 두 손을 잡으며 말을 했다. 하지만 덕혜 옹주는 이미 기억력을 상실하여 사람을 알아보지 못했다.

"옹주 마마……! 흐흐흑……."

유모는 초라해진 덕혜 옹주를 보고 하염없이 눈물을 흘렸다.

덕혜 옹주는 서울에 오자마자 서울대학병원에 입원했다. 그때부터 장장 10년간 투병 생활을 했다. 그러나 차도는 없었다.

그 후 덕혜 옹주는 병원에서 퇴원을 했지만 봄이 오는 것도 여름이 오는 것도 몰랐다. 아바마마도 어마마마도 신하도 아무도 없는 궁정의 한쪽 방에서 외롭고 쓸쓸하게 지내다가 1987년 4월에 조용히 눈을 감았다.

마지막 황제

순종은 대한 제국의 마지막 임금이다. 그는 고종 황제의 둘째 아들로 태어났다. 첫째 아들은 낳은 지 얼마 되지 않아 죽었으므로 순종이 첫아들이나 다름없었다.

순종은 아버지 고종 황제와 어머니 명성 황후의 사랑을 독차지하며 자랐다. 그러나 순종이 자라던 시기는 우리 나라가 외세에 짓눌려 힘을 쓰지 못할 때였다.

특히 일본의 간계한 술책에 말려들어 나라의 형편은 갈수록 어려워졌다.

"전하, 일본은 우리 대한 제국의 내정에 간섭이 너무 심합니다. 마치 자기 나라의 속국인 것처럼 대하고 있습니다. 이러다간 정말 나라를 일본에게 빼앗기고 말겠어요."

명성 황후는 고종 황제를 대할 때마다 이런 말을 했다.

"국력이 쇠약하니 어쩔 도리가 없구려. 중전, 일본을 몰아내는 좋은 방법이 없겠소?"
고종은 명성 황후에게 물었다.
"현재 가장 시급한 것은 이 땅에서 일본 세력을 몰아내는 겁니다. 그러기 위해서는 러시아의 힘을 빌리는 것이 어떨지요?"
"러시아가 일본을 몰아낼 수 있을 것 같소?"
"예, 러시아는 세계적인 강대국입니다. 일본쯤은 상대도 안 될 겁니다. 러시아도 우리와 손을 잡기를 원하고 있습니다."
"그러면 잘 됐군요. 러시아와 손을 잡도록 해 봅시다. 일본이 모르게 말이오."
"전하, 지당하신 말씀입니다."
이렇게 하여 조선은 일본을 몰아내기 위하여 러시아와 손을 잡으려 했다. 그러나 이를 눈치챈 일본 관리들은 부산하게 대응책을

▲ 격동의 시련기를 지낸 대한 제국의 고종 황제

157

세웠다.

"고종은 우리가 꽉 잡고 있어서 아무도 접근할 수가 없을 텐데, 어떻게 러시아와 내통을 했을까요?"

"그것은 틀림없이 민비(일본이 명성 황후를 얕잡아 부르는 이름)의 소행일 것이오. 민비는 우리를 조선 땅에서 몰아내기 위해 러시아 세력을 끌어들이려 하고 있소."

"그렇다면 민비를 없앱시다. 지금 조선은 일본의 손아귀에 있다는 것을 확실하게 보여 줍시다."

"좋소. 자객을 시켜 민비를 시해합시다. 그리고 우리는 발뺌을 하면 그만이오."

일본 관리들이 비밀리에 모여 회의를 하고 난 며칠 후 명성 황후는 일본인 자객에 의해 무참하게 피살당했다.

자객들은 황후가 자는 침소에 뛰어들어 닥치는 대로 상궁과 황후를 찔러 죽인 다음 석유로 불을 질러 사람의 얼굴을 알아볼 수 없게끔 끔찍한 짓을 저질렀다.

그 때 순종의 나이 스물이었다.

▲명성 황후

▲ **명성황후 조난비** : 명성 황후가 비극을 당한 자리임을 표시하고 있다.

"어마마마, 이렇게 돌아가시다니……. 대체 어떻게 된 일입니까? 흐흐흐흑……."

순종은 어머니를 살해한 범인들이 일본인의 소행임을 알았지만 자신의 힘으로는 아무 대책도 세우지 못했다.

"어마마마, 이 불효 자식을 용서해 주십시오. 흐흐흐흑……."

순종은 하염없이 눈물을 흘렸다.

고종은 더 이상 강대국의 횡포를 보고 있을 수가 없었다. 풍전등화 같은 조선의 국권을 회복하고 자주적 독립의 길을 찾기 위해 국호를 조선에서 대한 제국으로 고치고 임금을 황제라 부르도록 했다. 그리고 대한 제국의 자주적 독립을 세계 만방에 공표했다.

"아니, 고종 임금이 황제라니? 그렇다면 대일본 제국과 맞먹겠다는 말이 아닌가?"

"예, 고종의 대한 제국 선포에는 그런 의도가 다분히 깔려 있습니다."

"앞으로는 왕실의 주변을 더욱 빈틈없이 지키도록. 두 번 다시 이런 불상사가 일어나지 않도록 해야 할 것이오."

일본 관리들은 고종 황제의 대한 제국 선포와 관련하여 과민한 반응을 보였다. 일본은 예전보다 더욱 궁중 깊은 곳까지 감시를 했다. 고종 황제는 궁정에서 사용하는 비용조차 마음대로 쓸 수 없었다.

그러던 중 1907년 6월 15일 네덜란드의 수도 헤이그에서 제2차 세계만국평화회의가 열리기로 되어 있었다. 그 때 우리나라에 와 있던 미국인 선교사이며 고종 황제의 외교 고문이었던 헐버트가 고종에게 밀사 파견을 건의했다. 헐버트의 말대로 고종 황제는 일본의 부당성을 전 세계에 알릴 마지막 기회라고 생각했다. 그래서 밀사 파견을 결단했다.

헐버트는 서울을 출발하기 전에 프랑스와 러시아 영사들을 만나 본국 정부에 알선해 줄 것을 요구하고 밀사들과 함께 동행했다. 밀사들의 여비는 서울에서 전차, 전등 사업을 하고 있던 미국인 실업가의 도움을 받아 겨우 이루어졌다.

▲헤이그에 파견된 3특사 : 왼쪽부터 이준, 이상설, 이위종

당시 고종 황제는 영국과 미국, 러시

160

▲서울 수유리에 안장된 이준 열사의 유해

아는 일본이 한국을 지배하는 것을 결코 용인할 리 없다고 생각했다. 그래서 틀림없이 헤이그 회의에서 한국 문제가 검토될 것으로 낙관하고 있었다.

그로부터 10일이 지난 6월 25일, 헤이그에는 고종 황제의 밀명을 받은 3명의 사절이 나타났다. 전 의정부 참찬 이상설, 전 평리원(대법원) 예심판사 이준, 전 주러시아 공사관 서기관 이위종 등이다.

그러나 만국평화회의가 열린 지 이미 10일이 지난 뒤였다. 만국평화회의는 6월 15일부터 10월 18일까지 열렸다.

서둘러 호텔에 여장을 푼 이튿날인 6월 26일, 열사들은 회의장으로 갔다. 그런데 회의장에 들어서려는 순간 제지를 당하고 말았다. 그들은 고종 황제의 옥새가 찍힌 전권위임장을 내보이며 회의 참가를 요구했다. 그러나 대답은 냉랭했다. 초청장이 없으니 참석할 수 없다는 것이었다. 여기에 일제의 방해 공작이 있었던 것은 말할 것도 없다.

사절단의 목적은 한국의 외교권을 빼앗아간 1905년 11월 7일의 을사보호조약은 일본의 무력에 의한 협박으로 체결된 조약이고, 황제 재가도 받지 않은 위법적인 조약인만큼, 헤이그 회의에서 심의해 달라고 요청하려는 것이었다.

일제의 악랄한 방해에도 불구하고 열사들은 순순히 물러나지 않았다. 열사들은 다시 회의장을 찾아가 독립 호소문을 각국 대표들에게 돌렸다.

마침내 현지 언론의 반응을 얻어 7월 8일 국제 기자 클럽에 초청받아 연설회를 열었다. 외국어에 능통한 이위종 열사가 '한국의 호소' 라는 주제로 열변을 토해 각국 언론의 뜨거운 관심을 끌었다.

그러던 중 7월 14일, 이준 열사가 순국하는 비극이 발생하고 말았다. 약소국의 슬픔과 비애를 이겨 내지 못한 것이다.

그런데 일본은 이준 열사의 시신 운구에 필요한 허가증에 끝내 사인도 해 주지 않았다. 일행은 할 수 없이 9월 5일 장례식을 치르고 이준 열사를 머나먼 이국 땅에 묻고 돌아왔다.

일본은 헤이그 밀사 사건을 핑계로 고종 황제를 강제로 퇴위

시키고 순종을 왕의 자리에 올렸다. 순종은 창덕궁에서 일본의 감시하에 그들이 하라는 대로 정치를 할 수밖에 없었다.

"우리 나라의 운명이 일본의 손아귀에서 놀아나다니……. 이 모든 게 무능한 내 탓이오."

순종 임금은 나라를 걱정하는 사람들을 만나면 늘 이렇게 말하곤 했다.

이렇게 군사권과 외교권이 넘어가더니 1910년, 결국 우리 나라는 일본에게 합방을 당하고 말았다. 일본은 '한국 정부에 대한 모든 통치권을 완전히 또 영구히' 일제에 넘겨줄 것을 규정하였다. 이로써 조선 왕조는 건국된 지 27대 519년 만에 망하고 말았다.

합방의 소식을 들은 백성들은 눈물을 흘렸고, 우국 충신들은 자결하기도 했다.

황현은 한일합방 소식을 듣고 비분강개하여, 그 날로 식음을 끊고, 어느 날 저녁 「절명시」 4수를 짓고는 독약을 마셨다.

새 짐승도 슬피 울고 강산도 찡그리네.
무궁화 이 나라가 이젠 망해 버렸어라.
가을 등불 아래서 책 덮고 지난 역사 생각해 보니
인간 세상에 글 아는 사람 노릇 어렵기만 하구나.

금산 군수였던 홍범식은 '나라가 파멸하고 임금이 없어지니

죽지 않고 무엇하리'라는 유서를 남기고 목을 맸다. 이처럼 전국 방방곡곡에서 수많은 우국지사들이 스스로 목숨을 끊었다.

　이제 순종은 임금으로서 아무 힘도 발휘하지 못하게 되었다. 순종은 창덕궁에서 유폐된 생활을 하며 외부 사람과 만날 수도 없게 되었다. 국내 정치는 일본인 손에 넘어가고, 우리 나라 군대는 해산되고 말았다. 게다가 황태자는 유학이라는 명목으로 일본에 인질로 잡혀갔다. 일본은 순종을 황제의 지위에서 끌어내려 '이왕'이라 불렀다.

▲순종

▲순종비

순종은 어릴 때부터 병치레가 잦고 심약했다. 나라를 빼앗기고 창덕궁에서 감옥살이 같은 생활을 하게 되자 병이 더욱 악화되어 백약이 소용없게 되었다.

1926년 4월 26일, 순종은 재위 4년 만에 세상을 떠났다. 대한 제국의 마지막 황제였던 순종은 정치다운 정치를 해 보지도 못하고 쓸쓸하게 일생을 끝마친 것이다.

순종이 붕어(임금이 세상을 떠나는 것)하자 백성들은 더욱 슬픔에 잠겼다. 나라를 잃은데다가 마지막 임금마저 붕어하셨으니 의지할 데가 없었기 때문이다.

그 후 일본은 더욱 우리 나라 백성을 괴롭혔다. 1931년 만주사변을 일으킨 후부터는 우리 나라를 대륙 침략을 위한 병참 기지로 만들었으며, 우리 나라의 풍부한 지하 자원과 수력 자원 및 노동력을 착취하였다.

태평양전쟁 중에는 우리 민족에 대한 탄압과 착취가 한층 심해졌다. 일제는 1938년 지원병제, 1939년 징용제를 실시하여 우리 나라 청년들에게 병역과 부역을 강요했고, 1942년에는 지원병제를 징병제로 바꾸고 일본 학생과 마찬가지로 학병제를 똑같이 실시했다. 그리하여 수많은 젊은 학생들이 전쟁터에 끌려나가 목숨을 잃고 말았다.

일제의 탄압은 이뿐만이 아니었다. 그들은 '황국신민화 정책'을 강화하여 우리말을 사용하지도 배우지도 못하게 하였으며, 성과 이름까지도 일본식으로 바꾸도록 강요했다. 그것이

이른바 창씨개명이다. 성과 이름을 일본식으로 바꾸어 우리 민족의 존재 자체를 없애 버리겠다는 계산이었다.

일본은 또한 황국신민의 서사 외기, 신사 참배 강요 등 온갖 정책들을 쏟아 내며 우리 한민족을 말살하기 위해 눈에 불을 켰다.

농산물 공출, 놋그릇 같은 유기제품이나 철물 등 군수 물자 공출, 군용기 헌납금 갹출, 송근유 채취 등 우리 국민들은 전쟁 물자를 공출해 가는 일본의 강요에 시달렸다.

농사를 지으면 전부 세금으로 거두어 갔고, 전쟁 물자에 써야 한다며 집안의 쇠붙이는 숟가락 하나도 남김없이 모두 공출해 갔다. 그 바람에 피땀을 흘려가며 농사를 지어도 농민들은 끼니조차 때우기가 힘들었다.

나라 없는 설움은 여기서 그치지 않았다. 일본은 걸핏하면 우리 나라 사람들을 잡아가서 고문하는 등 만행을 저질렀다.

압박과 설움에서 견디다 못한 우리 백성들은 정든 고향을 등지고 만주로 중국 땅으로 정처없이 떠났다.

이러한 우리 민족의 비극은 36년간이나 계속되었다. 그리고 마침내 제2차 세계 대전에서 일본이 패망하게 되면서 우리 나라는 그 동안의 독립 운동의 결실로 1945년 8월 15일 광복을 맞이하게 되었다.

▼해방을 맞이하여 서울 남산에 있는 국기 게양대에 처음으로 태극기를 게양하고 있다.

전쟁을 겪은 서울

나는 문희와 정인이를 태우고 임진각으로 차를 몰았다. 망향의 동산이 있고 북한으로 통하는 자유의 다리로 가는 길목이 임진각이다. 그 곳에는 6·25 한국전쟁 때 사용했던 탱크와 전투기들이 전시되어 있었다.

자동차가 통일로 휴게소를 지나 문산 쪽으로 한참 달렸을 때였다. 갑자기 수십 대의 탱크와 군용 트럭, 그리고 무장한 군인들이 나타났다.

"아빠, 저 사람들이 왜 저래요? 전쟁이 일어났어요?"

정인이가 불안한 듯 물었다.

"저건 전쟁을 하러 가는 것이 아니라, 전쟁을 막기 위해 군인들이 훈련을 하는 거야."

나는 웃으면서 말했다.

"그런데 저렇게 많은 탱크가 훈련에 참여하나요?"

"그렇지. 전쟁을 막기 위해서는 탱크만 가지고도 안 되고, 사람만 많다고 이기는 것도 아니거든. 적절한 전술이 필요한 거야. 쉽게 말하자면 작전이 필요하다 이거지. 작전의 호흡을 맞추기 위해서 탱크 부대와 보병 부대가 함께 훈련을 하고 있는 거야."
그제야 정인이는 안심이 되는 모양이었다.
"아빠, 탱크를 가까이서 보니까 굉장히 커요. 텔레비전에서 볼 때보다 훨씬 커요."
이번에는 문희가 말했다.
"그래. 탱크는 전체가 쇳덩이로 되어 있어. 겉으로 보기만 해도 사람의 기를 꺾어 놓을 만하지. 6·25 한국전쟁 때 우리 나라는 저런 탱크가 한 대도 없었는데, 북한은 수백 대의 탱크를 앞세우고 남침을 했어."
"아빠, 우리 나라는 왜 전쟁만 하면 졌어요?"
"학교에서 배웠겠지만, 우리 나라는 옛날부터 외적으로부터 많은 침략을 당했어. 나라가 풍전등화(매우 위태로운 처지에 놓여 있음을 비유한 말)의 위기에 놓일 때마다 훌륭한 사람들이 많이 나타나서 적을 물리칠 수 있었지. 우리 나라는 외적들로부터 침략을 받은 사실은 많으나 전쟁에서 진 적은 별로 없어. 그건 잘못 알고 있는 거야."
나는 두 아이에게 우리 나라의 대표적인 전쟁 이야기를 해 주어야겠다고 생각했다.

▲ 김종서 장군 앞에서 무릎을 꿇고 있는 여진족 추장 : 여진족이 북방을 침범하여 약탈을 일삼자 세종은 1433년 김종서 장군을 보내 육진을 개척하도록 했다.

우리 나라는 옛날부터 농사를 지으며 살아왔다. 그러나 지리적으로 우리 나라 북쪽에 터를 잡고 살던 오랑캐들은 농사를 지을 줄 몰랐다. 또 농사를 지을 만한 비옥한 땅도 없었다. 그들은 말을 타고 다니면서 남의 것을 훔치고 약탈하면서 살 수밖에 없었다. 그래서 우리는 그들을 오랑캐라고 부르는 것이다.

오랑캐의 침입을 막기 위하여 조선의 세종 임금은 함경도에 6진을, 압록강 유역에 4군을 설치하기도 했다.

우리 나라 역사상 가장 큰 피해를 입은 전쟁은 임진왜란이었다. 1592년 당시 일본은 200년간의 전국 시대를 마감하고, 도요토미 히데요시가 전일본을 하나의 정치 세력으로 통합하고 강력한 통치 체제를 만들어서 지방 영주들을 통제하기에 이르렀다. 그는 자신의 통치 체재를 강화하기 위해 지방 영주들의 사병을 줄일 속셈으로 전쟁을 일으켜 조선을 쳐들어갈 결심을 하였다. 그것이 바로 임진왜란이었다.

1592년 4월 14일 부산진에 상륙한 일본군은 파죽지세로 우리 국토를 짓밟으며 한양을 향해 올라갔다.

그 때 조선은 전쟁에 대한 준비를 전혀 하지 않고 있었다. 그 동안 태평성대가 계속되었기 때문에 전쟁이 일어나리라고는 꿈도 꾸지 않았던 것이다. 당연히 국방력도 허술하고 약화되어 있었다.

부산진에 상륙한 지 20일 만에 한양은 왜군에게 점령당하고 말았다. 선조 임금은 한양을 버리고 평양을 거쳐 의주로 피난을 떠났다.

강원도·황해도 방면으로 군사를 모으러 간 두 왕자도 왜병의 포로가 되고 말았다. 개성과 평양은 부산 상륙 이후 60일도 못 되어 함락되고, 함경도까지 전국토가 왜군에게 짓밟히게 되었다.

이렇게 한양이 함락되고 함경도까지 왜군에 점령당하고 있을 때 바다에서는 이순신 장군이 연거푸 승전을 거두었다.

전라좌수영의 수군절도사로 있던 이순신은 왜군의 침입 보고를 받자 곧 출동하여 옥포, 당포, 당항포, 한산도, 부산 등지에서 계속 승리를 거두었다. 특히 한산도 앞바다의 해전은 진주성 대첩, 행주 대첩과 더불어 임진왜란 3대첩으로 꼽는다.

▲이순신 장군

이순신의 활약으로 해상으로 북진하여 육군과 합세하려던 왜군의 작전은 물거품이 되어 버렸다. 그럴 즈음 육지에서도 승전보가 잇달아 전해졌다.

곽재우·김면·정인홍 등이 영남 일대에서 의병을 일으켜 왜군을 막아 냈고, 호남 지방에서는 고경명·김천일, 호서 지방에서는 조헌 등이, 함경도에서는 정문부가 의병을 일으켰다. 이 밖에도 휴정, 유정 같은 승려들이 승병을 거느리고 싸움에 참가하여 왜군에 심한 타격을 주었다.

이처럼 이순신 장군 등 뛰어난 전략가와 의병들이 하나로 똘똘 뭉쳐 끝까지 싸우자 일본은 물러가지 않을 수 없었다.

임진왜란은 우리 나라가 많은 피해를 입긴 했으나 왜적을 물리친 승리의 전쟁이었다.

일본은 한반도에서 7년간 전쟁을 하면서 국토를 불지르고 많은 문화재를 약탈해 갔다. 그뿐이 아니다. 그들은 학문을 연구하는 학자와 도예공, 활자공, 인쇄공, 제지공 등 수많은 조선 사람들을 끌고 갔다.

국토는 극도로 황폐화되고 백성은 도탄에 빠졌으며 정치·경제·문화·사회·사상 등 각 방면에 걸쳐 심각한 타격을 받았다. 서울인 한양에도 큰 피해를 남겼다. 경복궁을 비롯하여 많은 궁궐이 불타 없어졌다.

그 후 임진왜란의 악몽이 잠시 가라앉을 무렵 조선은 또다시 전쟁을 겪게 되었다. 칭기즈칸의 후예 누르하치가 다스리던 후금이 조선을 침공한 것이다. 누르하치는 강력한 군대로 두 번이나 조선을 쳐들어왔다.

제1차 침입(정묘호란)은 1627년이었다. 이 때 후금은 조선과 형제 국가로서의 조건을 관철시키고 물러갔다. 그러나 1632년 후금은 만주 전역을 정복하고 명나라의 수도 북경을 공격하면서, 조선과의 관계를 형제 국가에서 임금과 신하 즉 군신 관계로 고칠 것을 요구했다. 그뿐이 아니었다. 황금과 백금 1만 냥씩, 말 3천 필, 군사 3만 명을 요구했다. 그러자 인조 임금은 사신의 접견마저 거절하고 싸울 의사를 굳혔다.

1636년 4월 후금의 태종은 스스로 황제라 칭하고 국호를 '청'이라고 고쳤다. 그는 조선이 강경하게 나오자 왕자·대신·척화론자를 인질로 보내 사죄하지 않으면 공격하겠다고 위협했다. 그러나 조선은 청나라의 요구를 묵살해 버렸다.

그러자 분개한 청나라 태종은 12월 2일 10만 대군을 스스로 거느리고 출발해 9일에는 압록강을 건너 쳐들어왔다.

조정에서는 급히 강화와 한양을 수비하게 하고 종묘 사직의 신주와, 세자비·원손·봉림 대군·인평 대군을 비롯한 종실 등을 강화로 피난하게 하였다.

14일 밤 인조도 강화로 피난하려 하였으나 이미 청나라 군이 길을 막고 있어 어쩔 수 없이 소현 세자와 신하들을 거느리고 남한산성으로 피신하였다.

인조는 훈련대장 신경진 등에게 성을 굳게 지킬 것을 명했다. 그리고 8도에 임금을 위해 충성을 다할 군사들을 급히 모집한다는 글을 보내고, 명나라에 지원을 청하였다. 그러나 12월 16일 청나라 군 선발대가 남한산성을 포위하였고, 해가 바뀐 새해 1월 1일 태종이 남한산성 아래 탄천에 20만 청나라 군을 집결시켰다.

이제 남한산성은 완전히 고립되고 말았다. 성 안에는 군사 1만 3000명이 겨우 50일을 지탱할 수 있는 식량이 있었고,

의병과 명나라 지원병은 기대할 수 없게 되었다.

야만적인 청나라 군은 백성들을 죽이고 노략질을 일삼는데다 날씨마저 혹독하게 추웠다. 장수와 군사들조차 추위와 굶주림에 병들고 얼어죽는 자가 늘어났다.

남한산성 안에서 47일 동안 항거했지만 상황은 점점 더 나빠져 갈 뿐이었다. 결국 인조 임금은 신하들과 논의한 끝에 성문을 열고 항복하기로 결정했다.

1월 30일, 인조 임금은 세자 등 500명을 거느리고 삼전도에서 청나라 태종에게 굴욕적으로 무릎을 꿇고 한강을 건너 궁궐로 돌아왔다. 그리고 소현 세자·빈궁·봉림 대군과 청나라와의 화해를 배척했다는 이유로 청나라의 요구에 따라 홍익한·윤집·오달제 등 삼학사를 인질로 보내야 했다.

이로써 조선은 완전히 명나라와 관계를 끊고 청나라에 복속하게 되었다. 이와 같은 관계는 1895년 청일 전쟁에서 청나라가 일본에 패할 때까지 계속되었다.

조선은 그 동안 여러 차례 외적의 침입을 받았지만, 임금이 항복하기는 이 때가 처음이었다.

그 뒤 19세기 말에 이르자 세계의 강대국들이 약소 국가를 식민지로 만들었다. 조선은 세계가 어떻게 돌아가는지도 모르고 많은 시간을 당쟁으로 소비했다.

1863년 고종 임금이 즉위하자 고종의 아버지 흥선 대원군은 어린 고종을 대신해 섭정을 했다. 흥선 대원군은 경복궁을 다시 짓는 등 왕권 확립에 힘을 쓰고 새로운 정치를 위해 노력하였다. 그러나 중국, 러시아, 일본 등 강대국들의 입김이 거세게 몰아쳤다. 대원군의 쇄국 정책이 힘을 잃게 되자 조선은 개화 정책을 받아들이지 않을 수 없게 되었다.

조선의 문호가 개방되자 미국, 영국, 프랑스, 일본, 러시아, 중국 등이 자기들의 이익을 앞세워 우리 나라를 식민지로 만들려고 했다.

고종 임금은 국호를 조선에서 대한 제국으로 고쳤다. 강대국의 틈바구니에서 자주적인 나라가 되려고 몸부림을 친 것이다. 그러나 일본 관리와 매국노들에 의해 우리 조선은 일본에 불법으로 합방되고 말았다.

일제가 우리 나라를 지배한 지난 36년 동안 우리 민족은 나라 없는 설움을 톡톡히 겪었다. 일제는 조선의 임금이 거처하던 궁궐을 마음대로 헐고 그 자리에 조선총독부 건물을 세웠다. 또 우리 나라의 귀한 문화재들을 일본으로 마구 가져갔다.

그 뒤 일본으로부터 겨우 해방이 되었는가 싶자 이번에는 6·25 한국전쟁이 터졌다. 해방이 된 지 겨우 5년 만이었다.

이번에는 외침이 아닌 우리 민족간의 전쟁이었다. 탱크와 대포 등 최신형 무기가 우리 나라 전쟁사상 가장 많은 사람들을 죽거나 부상당하게 했다.

서울은 불바다가 되었다. 폐허의 잿더미 속에서 살아갈 일이 막막했다. 그러나 우리 민족은 끈기가 있는 민족이다. 그토록

▲중부전선 비무장 지대에 방치된 녹슨 기관차가 동족 상잔의 비극을 말해 주고 있다.

　많은 외침을 받아 오면서도 반만 년의 역사를 자랑스럽게 이어오고 있다. 그런 민족이었기 때문에 잿더미로 변한 서울의 땅에 다시 희망을 심을 수 있었던 것이다.
　서울은 6·25 한국전쟁 이후 짧은 시간 동안 급속도로 발전했다. 다른 나라에서 200년 걸릴 일을 우리는 30년 만에 이루어 냈다. 한국에 와 본 많은 외국인은 '한강의 기적'을 이루었다고 했다.
　"지금 북한의 핵개발 문제로 세계가 떠들썩한데, 다시는 이 땅에 전쟁과 같은 비참한 일이 일어나지 않도록 경계를 게을

▲ **임진각**: 북쪽에 고향을 두고 온 실향민을 위해 1972년에 세워진 것으로 건물 맞은편에 망향단이 있다.

리해서는 안 돼. 지금 저 군인들도 다시는 전쟁이 일어나지 않도록 하기 위해 실전과 같은 훈련을 하고 있는 거란다."

"아빠, 선생님이 그러시는데 몇년 전 텔레비전 뉴스 시간에 남북 특사 회담을 하는 자리에서 북한 대표로 나온 사람이 서울을 불바다로 만들어 버리겠다는 말을 했대요."

문희가 말을 했다.

"그것 보렴. 지금 서울은 전쟁의 위협으로부터 벗어나지 못하고 있어. 그러니까 남북 문제는 슬기롭게 대처해야 해."

어느덧 차가 문산을 지나 임진각에 도착했다. 망향단 너머로 끊어진 다리가 보였다. 금방이라도 북한 군인들의 총알이 날아올 것 같은 기분이 들어 오래 머물러 있고 싶지 않았다.

우리는 전망대에 올라가 북한의 산야를 살펴본 다음 6·25 한국전쟁 때 사용한 탱크와 비행기를 전시해 놓은 곳으로 발길을 옮겼다.

"아빠, 이 탱크와 비행기에 기름을 넣으면 움직일 수 있어요?"

정인이가 비행기를 둘러보더니 말했다.

"아마 움직이는 것도 있고, 그렇지 못한 것도 있을 거야."

"만약 움직이는 것이 있으면 부대에서 사용해도 되잖아요?"

"여기에 전시되어 있는 것들은 이미 6·25 한국전쟁 때 할 일을 끝마쳤어. 지금은 이보다 더 우수한 무기들이 부대에 많이 배치되어 있단다."

"그럼 우리 나라 군인들의 무기도 막강하겠네요?"

"그럼, 그러니까 북한이 서울을 불바다로 만들겠다고 엄포를 놓으면서도 쉽게 전쟁을 일으키지 못하는 거야."

나는 전시장 주위의 넓은 들판을 바라보았다. 백로와 물오리들이 날아와 한가롭게 먹이를 찾아 거닐고 있었다. 참으로 평화스러운 풍경이었다.

▼**자유의 다리** : 1953년 휴전 협정 후 한국군 포로 1만 2773명이 자유를 찾아 돌아온 다리이다.

미래의 서울

21세기의 서울은 어떤 모습으로 변화해 갈 것인가?

나는 곰곰이 생각해 보았지만 쉽게 상상할 수 없었다. 왜냐하면 지금의 서울은 엄청나게 빠른 속도로 변하고 있기 때문이다.

조선을 건국한 태조 이성계 임금이 살아 계셔서 지금의 서울을 둘러본다면 기절하고 말 것이다. 높은 빌딩과 천만이 넘는 시민들, 홍수같이 흘러가는 자동차의 물결, 변화된 생활 모습, 그리고 지하철 등 아무리 생각해도 한양이 아닌 외계의 세계에 와 있다는 느낌을 가질 것이다.

그것은 한양에 도읍을 정한 지 600년이 넘는 세월 동안 눈부시게 발전해 왔기 때문이기도 하지만, 보다 근본적인 이유는 서울을 세계의 서울로 발전시킨 서울 시민들의 위대한 힘과 대한민국 국민의 피와 땀이 이루어 낸 큰 성과 때문이다.

▲**88올림픽 개막식** : 1988년에 서울에서 개최된 제 24회 하계올림픽대회의 성공적인 개최는 세계속에 한국인의 저력을 확인시키고, 한국의 위상을 드높였다.

　지금 대한민국의 수도 서울은 인구가 천만 명이 넘는 세계적인 대도시로 변모했다. 인구만 늘어난 것이 아니다. 국민 총생산의 수준도 세계적이고, 경제적·문화적 수준도 세계적이다. 또 전세계 지구인의 잔치인 올림픽도 치르고, 2002년에는 국제축구연맹(FIFA)이 주최하는 한일월드컵축구대회도 성공적으로 치르었다.

　서울은 1960년대부터 시작된 경제 개발 계획을 기점으로 대한민국의 경제 중심으로서 우리 경제를 눈부시게 발전시키며 여러 분야에서 급속한 성장을 거듭해 왔다.

서울의 면적은 전 국토의 0.6퍼센트에 불과하지만 우리 나라 총생산(GDP)의 21퍼센트가 서울에서 창출되며, 금융의 50퍼센트 이상이 집중되어 있다. 또한 첨단 기술을 보유한 벤처 기업들의 43퍼센트 이상이 서울에 있어서 외국인 투자가들의 관심과 투자가 이루어지고 있다.

서울은 또한 세계적인 소비 시장이면서 물류 산업의 거점으로도 한 몫을 톡톡히 한다. 김포 공항과 가까이에 인천 공항이 있으며, 고속철도, 고속도로 및 주변 항만 시설에 이르기까지 뛰어난 교통 체계를 갖추고 있기 때문이다.

항공편을 이용하면 3시간 반 안에 동북아의 18억 소비자와 전세계 GDP의 22퍼센트를 점유하는 동북아 시장에 빠르게 접근할 수 있으며, 앞으로 연결될 대륙 철도를 통해서는 중국, 러시아, 유럽까지 육로로 도달할 수 있게 될 것이다. 서울에 근접한 인천 국제공항은 50여 개 항공사가 130개 지역으로 운항 중이다. 이렇듯 서울은 편리한 교통망을 자랑하는 세계적인 규모의 대도시이다.

서울에는 세계적인 수준의 시설도 많이 있다. 국제적 이벤트를 추진할 수 있는 컨벤션 시설은 서울에 총 11개소가 있으며, 특히 강남구 삼성동에 위치한 코엑스는 12개 전문 전시실과 61개 회의실을 갖추고 있으며 그 회의실 규모는 아시아 최고 수준을 자랑한다.

또, 서울은 대한민국 교육의 중심지이며 문화의 중심지이다.

▼**지금의 서울** : 인구 천만이 넘는 대한 민국의 수도로 세계적인 수준의 시설과 교통망을 자랑하고 있다.

▲ 예술의 전당 : 2000년대 한국 문화의 요람으로 세계적 규모의 복합 문화 예술 공간이다.

  초등 학교, 중학교, 고등 학교, 전문 대학, 교육 대학교, 대학교, 대학원 등과 같은 각급 교육 기관들이 전국에서 가장 많이 몰려 있어 해마다 수많은 인재를 양성해 내고 있다.

  그리고 50여 개에 이르는 박물관은 국보, 보물을 비롯한 많은 유물들을 소장하고 있다. 이 밖에 국립 서울과학관과 서울 대공원 동식물원, 남산공원 등과 같은 중요한 문화 시설들이 있다.

  이 밖에 세종문화회관, 국립극장, 문예회관, 예술의 전당 등을 비롯한 각종 공연장과 미술관, 화랑 등 수백여 개에 이르는 전시장이 있어 서울은 한국 문화 예술의 대표적인 중심지임을 증명하고 있다.

국민 체력 향상을 위한 체육 시설의 건립과 세계적인 운동 경기 대회의 유치도 서울의 위상을 높이고 있다. 1960년대 체육 진흥 정책에 따라 효창 운동장과 장충 체육관이 설립되었고, 국력 신장과 고도 성장에 힘입어 현대적 시설을 갖춘 잠실 실내체육관, 올림픽주경기장 등 각종 경기장 시설의 완공과 함께 86아시아경기와 88올림픽경기를 유치하여 성공적으로 치르어 냈다.

2001년에는 상암동에 서울월드컵 경기장이 완공되었고, 이곳에서 2002년 한일월드컵을 성공적으로 개최하였다.

시내 교통망의 발달도 서울에서 빼놓을 수 없는 자랑거리다.

▼ **상암월드컵 경기장** : 2002년 한일월드컵 축구 대회가 열린 주경기장으로 체육 시설과 그 밖의 다양한 복합 문화 공간으로 이루어져 있다.

1974년 8월 15일은 서울의 교통 기관 발달사에서 일대 전환점이 되는 날로, 지하철이 처음 개통된 날이다.

이 지하철은 전철과 연결되어 수원, 인천까지 운행됨으로써 서울과 수도권 교통에 중요한 역할을 하였다.

1980년대에 지하철 2, 3, 4호선이 개통되었고, 1996년 말 5호선 전구간과 7, 8호선 일부 구간 개통, 1999년 8호선이 완전 개통되었고, 2000년 7호선 완전 개통과 6호선 일부 구간 개통, 2001년에는 6호선이 완전 개통되어 서울 시민의 중요한 교통 수단이 되고 있다.

그뿐이 아니다. 한강에 놓인 교량의 수도 서울의 눈부신 발전을 입증한다.

▼**한강철교** : A, B, C, D선으로 되어 있는데, A선은 한강에 놓인 최초의 다리로 1900년에 완공되었다.

▲ **한강시민공원** : 시민들이 자유롭게 즐기고 휴식할 수 있는 공원으로 각광받고 있다.

한강에 최초로 건설된 교량은 경인 철도 부설공사와 병행한 용산과 노량진을 연결하는 한강철교이다. 한강철교는 1897년 착공하여 1900년에 준공되었다.

이 교량을 시점으로 지금은 한강에 26개의 교량이 놓여졌거나 가설 중에 있다. 교량의 형식도 다양하여 하천 경관 향상에 크게 기여하고 있으며, 시민들의 다양한 문화와 휴식, 나아가 관광의 명소로 제공되고 있다.

서울이 이렇듯 세계적인 도시로 발전한 것은 불과 수십 년의 역사밖에 되지 않는다. 짧은 시간 동안 이처럼 발전한 것을 보면 앞으로 어떻게 발전해 나아갈지 서울의 미래를 점친다는 것은 대단히 어려운 일이다.

그러나 분명히 알 수 있는 것도 있다. 21세기의 서울은 지금

▲고속철도의 개통으로 서울에서 부산을 2시간 40분이면 닿을 수 있게 되었다.

　보다 더 맑고 깨끗해질 것이며, 더욱 편리한 문화 생활을 누리며 살 수 있게 될 것이다.
　지하철의 발달로 대중 교통 수단은 더욱 편리해질 것이며, 학생들도 밤낮으로 공부에만 매달리지 않아도 되는 '공부해 주는 기계'가 발명될지도 모른다.
　또 컴퓨터 산업의 발달로 머지않아 달나라와 별나라를 눈 깜

짝하는 사이에 다녀올 수 있는 기구도 접하게 될 것이다.

그 때는 분단된 조국이 하나로 통일되어 국력이 더욱 강해져 있을 것이며, 서울은 통일 조국의 수도로서 더욱 빛나게 될 것이다.

나는 문희와 정인이가 어른이 된 21세기의 세계를 상상해 보았지만 더 이상은 무리라고 생각되었다. 아무래도 내가 생각하고 있는 것보다 몇십 배, 아니 몇백 배 더 상상할 수 없는 좋은 서울이 될 터이기 때문이다.

그 때의 서울은 지금의 어린이들이 가꾸기에 달려 있다. 우리의 어린이들은 영특하고 지혜롭다. 그들은 분명 서울 600년의 역사가 주는 교훈을 되새기며 보다 풍요롭고 아름답고 살기 좋은 서울을 만들어 나갈 것이라 굳게 믿는다.